쉬는시간
청소년 신화인문학 시리즈 01

청소년을 위한
제주 기담
濟州 奇談

-기이한 인물 열전-

김진철 지음

차례

***일러 두기**

청소년을 위한 '신화인문학' 시리즈의 첫 번째로 발간되는 이 책은 제주 전설에 초점을 맞추고 있습니다. 신성한 존재의 내력을 풀어내는 신화와 더불어 지명이나 인물에 얽힌 이야기를 소개하는 전설은 인간이 살아온 세계를 이야기로 설명한다는 점에서 밀접한 연관성을 갖고 있습니다. 제주 사람들의 희로애락 깃든 제주 전설과의 만남을 통해 제주의 문화와 정체성을 확인하는 계기가 되길 바랍니다.

첫 번째 이야기
수맥을 끊고 다닌 법사

첫 번째 이야기
수맥을 끊고 다닌 법사

제주는 청정 자연이 만들어낸 맑고 깨끗한 물로 유명합니다. 제주의 물은 문화적으로도 중요한 의미를 갖고 있는데 제주 사람들의 생활과 관련된 많은 이야기들이 남아 있기 때문입니다. 제주는 육지와는 달리 강이 없어서 옛날에는 물을 구하기가 쉽지 않았습니다. 더구나 제주도의 땅은 물이 잘 통과되는 특징이 있어 비가 많이 와도 물이 잘 고이지 않고 땅 속으로 대부분 스며들어 버립니다. 그래서 제주의 하천들은 대부분 평소에는 물이 흐르지 않는 건천이죠. 태풍이 오든가 비가 많이 내려야만 그나마 물이 흐르는 것을 볼 수 있습니다. 그마저도 날이 좋으면 금세 말라 버리고 맙니다. 땅 속으로 스며든 물은 중산간 마을이나 해안가에서 다시 솟아나고, 이런 물을 용천수라고 합니다. 제주 사람들은 용천수를 중심으로 모여 살았습니다. 그러니 마을에 솟아나는 물을 관리하는 것이 매우 중요했죠. 물이 마르기라도 하면 먼 길을 걸어 이웃 마을까지 물을 길러 가야 했기 때문입니다.

물이 워낙 귀하다 보니 물과 관련한 전설도 많습니다. 그중에 고종달 이야기를 빼놓을 수 없습니다. 고종달은 제주의 수맥과 혈穴을 끊고 다녔다고 하는 법사 또는 풍수사로 언급되는 인물입니다. 왜 그는 제주에 들어와 땅의 기운을 끊고 다녔을까요.

제주로 향하는 고종달

고종달이 등장하는 전설은 제주도 곳곳의 용천수와 관련한 이야기로 전합니다. 그 이야기들을 모아서 살펴보면 대략적인 고종달의 행적을 파악할 수 있습니다. 고종달이 제주에 온 이유는 무엇이었을까요. 전설에서는 주로 중국

의 진시황제가 고종달을 제주에 보냈다고 언급합니다. 제
주에 제왕이 태어날 기운이 있어 그 기운을 끊기 위해 고종
달을 보냈다는 것입니다. 중국의 황제가 관심을 가질 만큼
제주는 풍수지리상 아주 좋은 기운이 있는 땅이었던 모양
입니다. 예로부터 사람들은 한라산을 신령스러운 산으로
여겼습니다. 제주의 옛 이름 중 하나인 '영주瀛洲'는 신선
들이 산다는 세 곳의 산 중 한 곳을 가리키는 말이었습니
다. 그러니 제주는 신령스러운 기운이 감싸는 곳이었고, 그
런 땅에 제왕이 나오지 말라는 법이 없죠. 그런데 고종달
이 제주에 파견된 이유에 대해 또 다른 얘기가 덧붙어 전
해지기도 합니다.

◇◇◇◇◇◇◇◇◇

진시황제는 왕비가 죽은 후, 신하들에게 아름다운 여
인을 찾아오도록 명령했다. 신하들은 온 나라를 뒤지며
미인을 찾았지만, 어느 누구도 황제의 마음에 들지 않
았다. 결국 제주도까지 찾아간 신하들은 드디어 세상에
두 번 다시 없을 아름다운 여인을 발견했다. 황제는 그
여인을 후궁으로 맞이했고, 얼마 지나지 않아 아이를 잉

태했다. 그리고 열 달 후, 놀랍게도 후궁은 다섯 개의 알을 낳았다. 알은 점점 커졌고, 어느 날 알에서 장군 오백이 태어났다. 오백 장군은 태어나자마자 "칼 받아라! 활 받아라!" 하고 외치며 궁궐을 뛰어다녔다. 그의 거센 기세에 나라는 시끄러워졌다. 진시황제는 이 문제를 해결하려고 점쟁이를 불러 점을 쳤다. "제주의 장군혈이라는 기운을 받아 오백 장군이 태어났으니 그 기운을 없애야만 오백 장군을 제압할 수 있습니다." 이 말을 들은 진시황제는 고종달에게 제주에 가서 장군혈의 기운을 눌러 버리라고 명령했다.

◇◇◇◇◇◇◇◇◇

인간이 알에서 태어난다는 이야기는 우리에게 익숙한 모티프입니다. 우리나라 건국 신화에는 알에서 태어나 나라의 시조가 된 이들이 여럿 등장하죠. 고구려 시조가 된 주몽, 신라의 시조 박혁거세, 가야의 시조 김수로왕은 알에서 태어나 왕의 자리에 올랐습니다. 그러니 알에서 태어난다는 것은 비범한 인물임을 암시합니다.

위 전설에서 제주 출신 후궁이 알을 낳고, 그 알에서 아이가 태어납니다. 알에서 태어난 아이가 나중에 힘을 키워 황제를 밀어내고 그 자리를 차지할지도 모를 일이었습니다. 황제는 감당이 되지 않는 아이의 범상치 않은 모습을 보고 위기감을 느낍니다. 그래서 찾아낸 해결 방법이 아이의 특별한 기운의 근원인 제주의 장군혈을 없애 버리는 것이었습니다. 그 임무를 수행하기 위해 고종달은 제주로 떠납니다.

제주 출신 여인이 중국 황제의 후궁이 된 사례는 아직 알려진 바 없습니다. 그런데 제주도 전설 중 원나라 말기 고려의 공녀로 원나라에 건너가 황후의 자리에 오른 기황후와 관련된 이야기가 전합니다. 원나라의 순제가 아이를 얻지 못해 고민하던 중에 삼첩칠봉의 자리에 절과 탑을 세워 기도하면 아이를 얻을 수 있을 것이라는 꿈을 꾸었는데, 온 나라를 뒤진 끝에 삼첩칠봉의 자리인 원당봉에 절과 탑을 세우고 기원을 올려 아이를 얻었다는 것입니다. 이때 세웠다는 석탑이 원당봉 불탑사에 지금도 남아 있습니다. 그러니 중국 황제의 아이가 제주의 기운을 얻어 태어났다는 인식이 제주에 퍼질 만도 한 것 같습니다. 이런 이야기들이 세대에서 세대로 이어지면서 서로 결합되어 제주 출신 후궁이라는 설정이 전설에 삽입되고, 제주의 기운을 받아 아이가 태어났다는 이야기로 발전하지 않았을까 합니다.

수맥이 끊긴 물

제주로 향한 고종달이 처음 도착한 곳은 제주도 동북쪽에 있는 구좌읍 종달리였다고 합니다. 고종달은 마을 이름이 자신의 이름과 똑같다는 이유로 가장 먼저 종달리의 수맥을 끊어 버렸다고 합니다. 그래서 종달리의 샘물인 '물징거'가 말라 버렸다는 것입니다. 중국에서 온 사람 이름과 제주도의 마을 이름이 같다니 참 기이한 우연입니다. 어떻게 된 일일까요.

전설 속 고종달을 고려 때 실존 인물인 호종단으로 보기도 합니다. 호종단은 송나라 복주福州에서 태어났는데 고려로 귀화를 했습니다. 예종이 특별히 총애해서 좌우위록사左右衛錄事, 권직한림원權直翰林院, 보문각대제寶文閣待制를 거쳐 인종 때는 기거사인起居舍人을 역임했다고 합니다. 호종단과 고종달, 언뜻 들으면 발음이 비슷합니다. 귀화한 호종단은 우리말에 익숙하지 않았을 것입니다. 그러니 제주 사람들이 말하는 종달리를 자신의 이름과 비슷하게 들었을 수 있습니다. 또 제주 사람들이 마을 이름과 비슷한 호종단의 이름을 고종달로 부른 상황이 이런 이야기를 만들어내지 않았을까 합니다.

하지만 전설 속 인물 고종달이 고려 때 호종단이 맞다면 전설 속의 시간과 역사의 시간이 어긋납니다. 호종단은 고려 예종 때 인물이고, 당시 중국은 송나라였습니다. 그러니 진나라의 시황제가 고종달을 제주에 보냈다는 것과 시기상으로 맞지 않게 됩니다. 이런 오해는 진시황제가 우리에게 가장 잘 알려진 중국의 왕이기도 하고, 진시황제 때 불로초를 구하러 왔었다는 서복 전설과 섞이면서 나타난 현상이 아닌가 합니다. 더구나 호종단은 중국 출신이었기에 외모가 영락없이 중국인처럼 보였을 테니 고려로 귀화를 했더라도 제주 사람들은 호종단을 보고 중국에서 보낸 사람으로 오해를 할 만했을 겁니다.

그런데 선조 때 안무어사(백성의 사정을 살펴서 위로하기 위해 특별히 파견한 관료)로 제주를 방문했던 김상헌이 쓴 『남사록』에는 호종단이 종달리가 아니라 명월포로 들어왔다고 기록되어 있습니다. 조선시대에는 제주로 들어올 때 조천포와 화북포가 자주 이용되었지만, 고려시대 기록에는 명월포를 이용했다는 기록이 많습니다. 명월포는 지금의 한림읍 옹포리 부근에 있던 포구입니다. 삼별초를 토벌하기 위해 파견된 여몽연합군, 목호의 난을 진압하기 위해 파견된 고려군 등 대규모 선박들이 명월포로 들어왔습니다. 탐라에서 원나라에 사신을 보낼 때도 명월포에서 배를 띄워 일주일간 항해하면 갈 수 있었다고 하죠. 종달리는 제주도 동쪽 끝 부분에, 명월리는 제주도 서쪽에 있는 지역입니다. 기록과 전설이 이렇게 다른 이유는 무엇일까요? 그리고 고종달이 실제로 들어온 곳은 어디였을지 궁금합니다.

고종달에 의해 말라 버린 또 다른 물의 이야기는 옛 문헌에서 찾을 수 있습니다. 16세기 발간된 『신증동국여지승람』에는 두천斗泉에 대한 이야기가 기록되어 있습니다. 두천은 제주읍성 서쪽을 흐르는 병문천屛門川에서 서쪽으로 오십 보 거리에 있는 용천수였는데 이 물을 마시면 백 보를 날아갈 수 있었다고 합니다. 그런데 호종단이 그 기운을 눌러 버려 사라지게 되었다는 것입니다. 민가에서는 이

물이 가뭄이 들면 맑고 투명해지고, 비가 올 것 같으면 금빛 기운이 물 위에 뜬다고 말했다고 합니다. 가뭄와 비를 예측하는 물이라면 신비한 기운이 어려 있는 물일 것이니 고종달이 충분히 노릴 만했겠지요. 20세기 초에 발간된 담수계의 『증보 탐라지』에는 두천에 대해 조금 더 자세히 설명하고 있습니다. 이 물은 제주향교 안에 있었다고 하며, 말물이라고도 했는데 하룻밤 동안 한 말 정도의 물이 나와 그렇게 불렸다는 것입니다.

　제주성이 있던 곳은 탐라국 시대부터 제주도 권력의 중심 역할을 담당했습니다. 호종단이 제주성 인근의 물까지도 손을 댈 수 있었던 것을 보면 당시 제주를 다스리던 관리들도 그를 함부로 대할 수 없었던 것 같습니다. 실제로 고려 왕의 총애를 받던 호종단이 제주에 입도를 했다면 중앙에서 제주에 파견된 관리들은 그를 함부로 대할 수 없었을 겁니다.

　두천과 비슷한 이야기가 서귀포 지역에 있었던 색수塞水라는 물에도 전합니다. 김상헌의 『남사록』에는 동해방호소東海防護所 동쪽에 있는 색수를 마시면 날아갈 수가 있었는데 마찬가지로 호종단이 와서 눌러 막았다고 합니다. 『탐라순력도—한라장촉』을 보면 서귀진의 서쪽에 있는 구산 망 아래 동해방호소(군사 방어 시설)가 표시되어 있습니다.

고종달의 마수를 피하다

전설 속 고종달은 제주 전역을 돌면서 수맥을 끊는 작업을 했다고 전합니다. 그런데 고종달과 관련해서 전하는 가장 많은 전설은 고종달의 마수를 피해 살아남게 된 물의 이야기입니다. 대표적인 경우가 서귀포시 서홍동의 지장 샘입니다.

◇◇◇◇◇◇◇◇◇◇

어느 날 서홍동 마을에서 한 농부가 밭을 갈고 있을 때, 백발의 노인이 다가와 지장샘의 물을 떠다가 소의 길마(짐을 싣기 위하여 소 등에 얹는 기구)에 숨겨 달라고 부탁했다. 농부는 자신의 점심 그릇에 물을 떠서 소 길마에 숨겨 두었다. 노인은 아무에게도 말하지 말라고 하면서 그 물그릇 속으로 들어갔다. 잠시 후, 수맥이 표시된 책을 들고 나타난 고종달은 농부에게 혹시 근처에 꼬부랑 나무 아래 행기물(구부러진 나무 아래에 샘물)이 있지 않냐고 물어보았다. 농부는 그런 물은 들어본 적이 없다고 대답했다. 고종달이 데리고 온 개는 자꾸 노인이 숨어 있는 소 쪽으로 향했다. 하지만 고종달은 그것을 눈치채지 못하고 물을 찾기 위해 여기저기 둘러보다 결국 자신이 들고 있던 술서가 잘못됐다고 하며 찢고 가 버렸다. 고종달이 사라진 뒤 농부가 지장샘에 가서 말라 버린 샘터에 물을 부어 주자 샘이 다시 원래대로 돌아왔다. 그래서 지장샘은 고종달도 끊지 못한 물이라고 알려지게 되었다.

◇◇◇◇◇◇◇◇◇

고종달의 마수를 피했다는 지장샘

사실 고종달이 가져온 술서가 틀린 것은 아니었습니다. 소의 등에 얹는 길마는 구부러진 나무로 만들고, 행기물은 작은 그릇에 담긴 물이라는 뜻입니다. 그러니 구부러진 나무로 만든 길마 아래 작은 그릇에 담긴 물이 되는데, 술서에 '꼬부랑 나무 아래 행기물'이라고 정확하게 표현되어 있었죠. 그러니까 이미 지장샘의 신령이 그곳에 숨을 것까지 예측해 술서에 기록한 것입니다. 다행히 고종달은 그것을 알아채지 못했지만 말이죠.

다른 전설에서는 고종달이 가지고 다닌 술서가 한라산신에게서 빼앗은 것이라고도 합니다. 종달리로 들어온 고종달이 지미봉에 올라 한라산신을 불러서 물혈기와 산혈기를 말하라고 하고는 알아냈다는 겁니다. 그런데 술서에 나와 있는 물을 찾지 못하자 한라산신이 제대로 된 술서를 줄 리가 없다고 하며 없애 버렸다는 거죠.

고종달이 물의 위치를 찾지 못해 그냥 돌아갔다는 이야기는 지장샘에만 전해 오는 것은 아닙니다. 표선면 토산리의 거슨새미, 제주시 영평동 수수못과 화북동의 동제원천에서도 똑같은 이야기가 전해 오고 있죠. 모두 고종달이 물의 혈을 끊으려 왔다가 실패했다는 내용입니다. 고종달

이 한 번은 속았겠지만 두 번은 속았을까요? 아마도 고종
달의 손에서도 살아남은 신비한 물이라는 이야기를 통해
우리 마을의 물이 특별하다는 것을 강조하려 했을 겁니다.
앞서 고종달이 처음 수맥을 끊었다는 종달리에도 다른 전
설에서는 고종달이 종달리의 물을 끊지 못해 마을 곳곳에
물이 많이 솟아난다는 이야기가 전하기도 합니다.

　자기 마을의 물이 특별하다고 강조했던 것은 마을 사람
들이 물을 아주 중요하게 여겼다는 뜻이죠. 마을마다 수
도가 설치되기 전에는 물을 길러 다니는 것이 일상이었습
니다. 여성들은 물허벅을 등에 지고 생활용수로 쓸 물을
매일같이 날라야 했죠. 마을에 물이 없으면 이웃 마을까지
걸어가서 길어 와야 했습니다. 그래서 마을에 있는 용천수
는 생명수나 다름없었습니다. 대대로 지켜야 할 중요한 자
산이었습니다. 고종달 이야기가 마을 공동체에 계속 전해
진 이유는 물에 대한 소중함을 잊지 말라는 의미가 아니었
을까요. 고종달의 손에서 살아남은 지장샘과 거슨새미, 수
수못에서는 지금도 물이 솟아나고 있습니다. 하지만 동제
원천은 도로가 놓이면서 사라지고 말았습니다.

왕의 기운을 누른 고종달

고종달의 이야기가 꼭 물과 관련된 곳에만 전하는 것은 아닙니다. 좋은 기운이 있는 곳의 맥을 끊었다는 이야기도 전합니다. 고종달이 제주에 파견된 이유가 제주에 뛰어난 장수가 태어나는 것을 막기 위해서였으니 큰 인물이 나올 만한 기운이 있는 땅을 가만히 두지 않았을 겁니다. 그래서 단혈斷穴의 이야기도 일부 전합니다.

◇◇◇◇◇◇◇◇

고종달이 어느 곳에 이르러 발견한 혈에다 쇠꼬챙이를 찔렀다. 옆에서 밭을 갈고 있던 농부에게 절대로 쇠꼬챙이를 빼면 안 된다고 당부하고 떠났다. 잠시 후 백발노인이 농부에게 오더니 고통스러운 표정을 지으며 쇠꼬챙이를 빼 달라고 부탁했다. 농부는 노인의 모습이 뭔가 사연이 있는 듯싶어 쇠꼬챙이를 뽑았다. 그 순간 땅에서 피가 솟구치고, 농부는 황급히 피를 막았다. 그런데 그사이 노인은 사라져 버렸다. 고종달이 쇠꼬챙이를 꽂은 곳은 말혈馬穴이었는데, 농부가 피를 잘 멈춰 제

주에 말이 잘 자랄 수 있게 되었다. 대신에 제주의 말은
몸집이 작아졌다고 한다.

◇◇◇◇◇◇◇◇

　제주마는 몸집이 작은 조랑말에 속합니다. 다리가 길고
몸집이 큰 서양의 말과는 차이를 보이죠. 대신 조랑말은
지구력이 상당히 좋아서 오래 달릴 수 있다고 하죠. 이렇
게 비교적 작은 말을 타는 나라 중에 몽골이 있습니다. 제
주도와 몽골은 말과 관련해 특별한 인연이 있기도 합니다.
제주도가 원나라의 목장으로 이용되었었기 때문이죠. 그
때 몽골의 말이 제주에 많이 유입되었을 겁니다. 그런데 몇
년 전 기사에 제주마와 몽골마의 유전자 검사에 대한 내용
이 실렸습니다. 유전자 검사를 해 보니 제주마가 몽골마와
같은 품종이 아니라 독립적으로 진화했다는 겁니다. 사실
여부를 떠나 전설에서는 제주마가 작은 이유를 고종달이
말의 혈을 눌렀기 때문으로 설명하고 있습니다.
　고종달이 기운을 누르기 위해 들렀던 곳 중에는 왕의 기
운이 서린 곳도 있었습니다.

◇◇◇◇◇◇◇◇◇

산방산 아래 바닷가에는 용머리 해안이라고 부르는 곳이 있다. 바다 쪽으로 길게 나 있는 모습이 멀리서 보면 마치 용이 머리를 들고 바다로 내려가는 것 같다 하여 붙여진 지명이다. 제주도 곳곳을 돌아다니며 땅의 힘을 제거하고 다니던 고종달이 용머리에 도착해서 보니 이 용머리가 남쪽 형제섬을 향하여 뻗어 나가려는 중이었다. 용머리의 기운이 형제섬에 닿으면 그 기운을 받고 중국을 위협할 인물이 태어날 상황이었다. 고종달은 용머리의 꼬리 부분과 등 부분을 칼로 끊어 버렸다. 고종달이 용머리를 끊자마자 용머리에서는 붉은 피가 흘러나왔고 산방산이 소리 내어 울었다고 한다. 용머리의 꼬리와 등 부분의 바위에는 칼로 자른 듯한 흔적이 남아 있고, 용머리의 주변의 흙들은 붉은색을 띠는데, 사람들은 용머리가 흘린 붉은 피가 스며들어 그렇게 된 것이라고 한다.

◇◇◇◇◇◇◇◇◇

용머리 해안은 제주도에서 가장 오래된 지형에 속하는 곳입니다. 땅 속에 있던 마그마가 물과 만나서 폭발한 후

화산재들이 쌓여 만들어졌습니다. 그래서 제주의 바닷가에서 흔히 볼 수 있는 검은색 돌인 현무암과는 다른 불그스름한 색을 띠고 있습니다. 사람들은 이것을 고종달이 허리를 끊은 용이 흘린 피로 상상했던 겁니다.

우리나라의 좋은 기운을 끊어 버렸다는 전설에 자주 등장하는 인물로는 임진왜란 때 명나라 군대를 이끌고 참전한 이여송이 있습니다. 이여송은 임진왜란이 끝나고 명나라로 돌아갈 때 우리나라 곳곳에 뛰어난 인물이 태어날 혈을 끊어 버렸다고 합니다. 충청도, 전라도, 경상도 곳곳에서 이여송의 단혈 전설이 전합니다. 심지어 이여송은 백두산에 모신 자신의 조상 묘의 혈도 끊어 버렸다는 이야기도 있습니다. 이여송의 조상은 원래 고려 출신이었다고 합니

고종달이 왕이 태어날 기운을 끊었다는 용머리 해안

다. 명나라로 귀화했던 이여송이 백두산에 가 보니 대대로 장수가 태어날 곳에 묘가 있어 기운을 끊고 집으로 돌아와 아버지에게 그 일을 말했는데, 알고 보니 그 묘가 자기 조상의 묘였다는 것이죠. 조상 묫자리의 기운 덕분에 이여송이 높은 자리까지 올라갈 수 있었는데 묘의 기운을 끊어버려 이여송의 후손은 일이 잘 풀리지 않았다는 이야기가 전합니다.

고종달과 호종단

고종달은 제주 전설에서 수맥과 좋은 기운이 있는 혈을 끊은 부정적인 인물로 그려집니다. 그렇다면 역사 속 호종단은 어떤 인물로 기록되어 있을까요. 『고려사』와 『고려사절요』에 기록된 호종단은 총명하고 민첩하며 학식이 풍부하고 문장에 뛰어났다고 합니다. 거기다 여러 가지 기예에도 뛰어났다고 하는 걸 보면 재주가 많은 인물이었던 것 같습니다. 그런데 그에 대한 부정적인 평가도 있습니다. 주술呪術로 사기邪氣를 막는 방술인 압승술壓勝術을 건의해서 왕이 그 말에 미혹되기도 했다는 겁니다. 이색李穡의 아버지인 이곡李穀이 쓴 「동유기東遊記」라는 글에는 금강산에 있는 호수 삼일포三日浦를 유람한 기록이 나옵니다. 삼일포는 물이 맑고, 기괴한 암석과 경치가 아름다워 관동팔경 중 한 곳으로 꼽히는 곳이었습니다. 이 호수 주변을 둘러싼 36개의 봉우리에 비석이 있었는데, 호종단이 모두 물속에 가라앉혀 버렸다는 겁니다.

그리고 강원도 강릉의 문수당文殊堂에 신라의 화랑이면서 사선四仙이라 불리는 영랑永郎, 술랑述郎, 남랑南郎, 안상랑安詳郎의 비석이 있었는데 역시 호종단이 물속에 가라앉혀 버려 받침돌 부분만 남았다고 합니다. 이곳뿐만 아니라 한송정寒松亭, 총석정叢石亭의 비석도 마찬가지로 없애 버렸다고 합니다.

이렇게 호종단은 전국을 돌아다니며 비문을 긁어 버리거나 깨뜨리고, 물속에 넣어 버리기도 했고, 유명한 종경鍾磬을 녹여 용접해서 소리가 나지 않게 했다고도 합니다. 계림부鷄林府 봉덕사奉德寺의 종에도 손을 댔다고 하는데 봉덕사의 종으로는 에밀레종으로 유명한 성덕대왕신종이 현재 국립경주박물관에 남아 있습니다. 그렇다면 봉덕사에는 호종단이 손을 댄 또 다른 종이 있었던 걸까요?

호종단의 이런 행동이 고려의 왕을 위해서였는지, 아니면 송나라에서 신분을 위장해서 보낸 첩자로서 한 것이었는지 알 수는 없지만 기이한 행적임에는 분명합니다. 호종단이 이렇게 전국을 돌아다녔다고 하니 실제로 제주도를 방문했을 가능성도 높아 보입니다.

홍여하洪汝河의 『풍악만록楓嶽漫錄』의 기록에도 호종단이 등장합니다. 호종단이 금강산에 들어가 산의 기운을 누르려고 했는데 바위가 사자후(사자의 우렁찬 울부짖음)를 울려서 놀란 호종단이 포기했다고 합니다. 그래서 그 바위를 사자암라고 불렀다는 겁니다. 신즙申楫의 『유금강록遊

금강산 사자암(국립중앙박물관 소장, 출처: e뮤지엄)

金剛錄』에는 좀 더 자세하게 묘사되어 있는데, 호종단이 금강산에 들어가자 사자가 길목을 막아 위협하고 용이 못에서 나와 불을 뿜으며 막았습니다. 그리고 성을 쌓아 호종단이 들어오는 것을 막았다고 합니다. 그래서 연못의 이름을 화룡이라고 하고 바위는 사자라고 했다는 이야기가 민가에 전한다고 합니다. 고종달이 수맥을 끊지 못하고 실패했던 것처럼 금강산의 기운을 끊는 데에 실패한 것이죠.

호종단의 기록은 고려시대의 결정적 장면에도 등장합니다. 예종이 사망하고 인종이 왕위에 오르는 데 큰 역할을 한 이자겸은 왕의 외척으로 왕도 함부로 할 수 없을 정도의 권력을 얻습니다. 이에 인종은 자신을 따르는 신하들과 몰래 이자겸을 숙청하려는 계획을 세웁니다. 하지만 고려 최고 무장이라고 하는 척준경과 손을 잡은 이자겸 세력에 의해 인종은 궁 안에서 포위되고 맙니다. 이때 호종단은 인종의 편에 섰던 것 같습니다. 이자겸의 병사들과 대치하는 상황에서 인종은 왕의 위엄을 내세우며 호종단을 시켜 병사들의 무장을 해체하도록 명령합니다. 그러나 척준경이 앞장서서 나서는 바람에 전세는 이자겸 세력에게 기

울고 말았습니다. 이날 이후로 호종단이 어떻게 되었는지
는 확인할 수 없습니다. 그에 대한 기록이 더 이상 나타나
지 않기 때문입니다. 이자겸이 인종을 따르던 이들을 죽이
거나 유배를 보냈다고 하니 아마도 호종단 역시 그런 결말
을 맞이하지 않았을까요?

한라산신의 복수

제주의 수맥을 끊고 다녔던 고종달의 최후는 어땠을까
요? 전설에서는 제주도 동쪽 종달리로 들어온 고종달이
서쪽 끝인 고산리에서 배를 타고 떠났다고 합니다. 하지
만 제주의 여러 수맥을 끊어 버린 고종달은 몸 성히 돌아
갈 수 없었습니다. 임무를 마친 고종달이 중국으로 돌아가
기 위해 고산리 앞바다에 배를 띄우고 차귀도를 지나가고
있을 때 한라산의 수호신이 매로 변하여 날아와 폭풍을 일
으켜 고종달의 배를 침몰시켰다고 합니다. 그리고 돌로 변
해 그곳을 지키고 있다는 것이죠. 그런데 호종단이 돌아간
장소가 문헌에는 다르게 나타납니다. 『신증동국여지승람』
에는 호종단이 침몰한 곳이 비양도라고 기록되어 있습니

다. 과연 고종달이 최후를 맞은 곳은 차귀도일까요, 비양도일까요?

고려시대 때 명월포로 호종단이 들어왔다면, 명월포로 돌아갔을 수도 있습니다. 명월포 바로 앞에 비양도가 있는 것에서 문헌 기록과의 연관성도 생각해 볼 수 있습니다. 흥미로운 점은 차귀도 인근에 매바위라고 불리는 작은 섬이 있다는 겁니다. 섬의 모양도 마치 매가 날개를 펴고 있는 모습처럼 생겼습니다. 그래서인지 고종달이 최후를 맞은 곳이라 하면 보통 차귀도를 언급하곤 합니다.

한라산신의 이야기는 조정에까지 알려졌습니다. 나라에서 이 신령한 매의 이야기를 듣고는 한라산신에게 광양

차귀도 인근에 있는 매 형상의 바위

비양도

왕廣壤王이라는 관직과 땅을 내리고 사람들로 하여금 해
마다 제사를 지내게 했다고 합니다. 이것이 광양당廣壤堂
의 유래라고 전합니다. 이야기로만 보면 광양당의 위치가
호종단이 돌아가는 것을 막은 차귀도 또는 비양도에 있을
것 같지만 의외로 제주 시내 한복판에 있습니다. 삼성혈 입
구 북쪽의 얼마 떨어지지 않은 곳에 광양당이 있던 터의
표지석이 있습니다.

『신증동국여지승람』에서는 호종단이 제주에 와서 수맥
을 끊고 한라산신에 의해 배가 침몰했다는 이야기를 믿을
수 없다고 기록하고 있습니다. 과연 호종단은 실제로 제주
에 왔을까요? 제주도 전역에서 고종달과 관련한 이야기

가 전하는 것을 보면 당시 풍수사가 제주에 들어와 어떤 활동을 한 것만은 분명해 보입니다. 그렇다면 다른 누군가의 이야기가 호종단의 이야기와 겹쳐진 것일까요? 하지만 다른 사람으로 보기에는 역사 속 호종단의 행보와 유사한 점이 꽤 많아 보입니다. 그리고 역사 기록에는 호종단이 여러 지역을 다녔다고 하는데 타 지역보다 제주에서만 이렇게 구체적인 전설이 전하는 점은 특이합니다. 다른 지역과 제주의 차이점은 무엇이었을까요?

호종단이 활약하던 12세기 무렵은 탐라국으로 독립된 지위를 갖고 있던 제주가 고려에 편입되던 시기였습니다. 탐라는 숙종 10년(1105)에 고려의 군현에 완전히 속하게 됩니다. 고려는 탐라의 성주와 왕자의 지위는 인정하면서도 중앙에서 관리를 파견해 제주를 다스리려 했습니다. 하지만 중앙에서 파견된 관리와 제주 사람들 간의 갈등은 계속되었습니다. 그 후로 100년이 넘는 시간 동안 제주에서 여러 번의 민란이 발생합니다. 제주 사람들에게는 이전처럼 탐라국의 독립을 바라는 마음이 분명 남아 있었을 겁니다. 그러니 제주 사람들 입장에서는 고려의 관리로 온 호종단이 제주 곳곳을 다니며 하는 진무鎭撫 행위가 탐탁지 않게 여겨졌을 겁니다. 더구나 물이 귀했던 제주에서 수맥을 찾아다니는 호종단의 행동은 제주 사람들의 생명줄을 위협하는 것으로 받아들여지기 충분했습니다. 호종단이 무사히 돌아가지 못하고 한라산신에 의해서 죽음을 맞이한다는 결말에는 중앙 권력에 순순히 따르지 않겠다는 탐라국 사람들의 저항의식이 깔려 있는 게 아닐까요?

오늘날 제주는 물 걱정이 없는 곳으로 변했습니다. 지하수를 끌어올려 만든 먹는 샘물이 전국으로 팔려 나가고 있습니다. 반면에 과거 제주 사람들의 생명수였던 용천수는 사람들의 관심에서 점점 멀어졌습니다. 사람들의 발길이 끊기다 보니 용천수가 오염되기도 하고, 말라 버린 곳도 있습니다. 심지어 콘크리트로 덮어 버린 곳들도 많습니다. 과거 고종달이 놓친 수맥들을 지금 우리 스스로가 하나씩 하나씩 끊어 버리고 있는 것입니다. 고종달의 망령이 다시 살아나 제주를 휩쓸고 다니는 건 아닐까요? '꼬부랑 나무 아래 행기물'로 고종달의 마수를 피한 것처럼 오늘 우리에게도 현명한 지혜가 필요한 시기입니다. 어쩌면 한라산신의 도움이 다시 필요할지도 모르겠습니다.

두 번째 이야기
삼별초 최후의 장수

삼별초 최후의 장수

고려시대에 중요한 사건 중에 삼별초를 빼놓을 수 없습니다. 특히 제주는 삼별초의 마지막 저항지로 잘 알려져 있습니다. 고려시대에 진도에서 저항하던 삼별초군은 몽골과 고려의 연합군에 패했습니다. 삼별초의 김통정은 남은 병사들을 이끌고 제주도에 들어왔죠. 애월읍 고성리 항파두리에 주둔하면서 본격적인 활동을 벌였지만 결국 삼별초는 여몽연합군에게 패배하고 맙니다. 삼별초와 여몽연합군의 전투는 제주 역사에서도 중요한 사건이었습니다. 그렇기에 제주 사람들의 뇌리에 오랫동안 각인되었을 겁니다. 수백 년 전의 사건임에도 지금도 신화에서, 전설에서, 지명의 유래에서 삼별초에 대한 이야기를 만날 수 있습니다.

김통정의 비범한 탄생

제주에서 삼별초 이야기는 주로 김통정의 행적에 집중됩니다. 삼별초를 이끌고 제주에 입도한 김통정은 비범한 인물로 그려지죠. 그의 비범성은 혈통에 대한 이야기부터 시작합니다.

◇◇◇◇◇◇◇◇◇

옛날에 한 과부가 살고 있었는데 아이를 가졌는지 배가 불러 왔다. 마을 사람들은 남편이 없는데 애를 뱄다고 수군댔다. 과부에게 자초지종을 들어보니 매일 저녁에 어떤 남자가 집으로 들어와 잠을 자고 간다는 것이었다. 사람들은 그 남자 몸에 실을 묶어서 흔적을 남기라고 알려 준다. 날이 밝은 뒤에 묶어 놓은 실을 따라가면 아이의 아버지가 누구인지 알 수 있을 테니 말이다.

그날 밤에도 남자는 과부를 찾아왔다. 과부는 남자가 잠든 틈을 타서 마을 사람들이 알려 준 대로 실을 묶어 두었다. 다음 날 날이 밝자 역시나 남자는 사라지고 없었다. 그런데 남자에게 매어 둔 실은 창문을 거쳐 밖으로 이어지고 있었다. 그렇게 실을 따라가 보니 노둣돌 아래로 들어가 있는 것이었다. 노둣돌은 대문 앞에 있던 디딤돌 같은 것인데 말을 타고 내릴 때 이용하던 돌이었다. 그 노둣돌을 들춰 보니 커다란 지렁이가 있었는데 실은 바로 그 지렁이 허리에 감겨 있었다. 매일 밤 과부를 찾아오던 남자의 정체는 지렁이였던 것이다.

◇◇◇◇◇◇◇◇◇

과부가 낳은 사내아이가 바로 김통정이었다는 겁니다. 흔히 지렁이를 지룡이라고도 하는데 '땅의 용'이란 의미입니다. 김통정 부친의 정체가 지렁이라는 것은 지룡의 혈통을 이어받은 특별한 존재라는 의미가 됩니다. 그래서 김통정은 온몸에 비늘이 돋아 있었다고 합니다. 용의 비늘은 많은 이야기에서 흠집을 내기 어려운 단단한 물질로 등장합니다. 그러니 김통정은 무척이나 단단한 갑옷을 달고 태어난 셈입니다. 거기다 겨드랑이에는 날개가 나 있었다고 합니다. 날개 달린 장수는 엄청난 힘을 타고난다고 하니 힘 또한 남달랐을 것입니다. 활쏘기 능력도 출중했고, 도술까지 부릴 수 있었다고 합니다. 김통정은 무력과 방어력을 모두 갖춘 사기적인 캐릭터여서 누구도 함부로 죽일 수 없는 인물로 그려지고 있는 것이죠.

삼별초, 제주에 주둔하다

진도에서 항전하던 삼별초는 여몽연합군과의 전투에서 패배합니다. 김통정은 삼별초의 잔당을 이끌고 제주도로 들어왔습니다. 군대가 주둔하기 위해서는 성이 필요했죠. 그래서 애월읍 고성리 항파두리에 흙으로 성을 쌓았습니다. 성을 쌓는 데는 분명 제주 사람들이 동원되었을 겁니다. 전설에서는 그때의 상황을 이렇게 보여 줍니다.

◇◇◇◇◇◇◇◇◇

제주 사람들을 동원해 성을 쌓을 때 제주도에 흉년이 심하게 들어 먹을 것을 구하기가 힘들었다. 너무 배가 고파 오죽하면 인분(사람의 똥)을 먹을 정도였다. 자신의 인분을 먹으려고 해도 옆에 다른 사람이 기다리고 있다가 먼저 낚아채 가 버렸다고 한다.

◇◇◇◇◇◇◇◇◇

이 이야기에서는 성을 쌓는 데 제주 사람들을 동원한 삼별초에 대한 부정적 인식이 엿보입니다. 직접적으로 삼별초에 대한 불만이 나타나지는 않지만 인분을 먹을 정도로 어려운 생활을 해야 했던 상황에서 성을 쌓는 데 동원되어야 하는 신세니 말입니다.

『고려사』에서도 삼별초에 대한 시각은 대체로 부정적입니다. 탐라로 들어간 삼별초가 해남현, 회령현, 탐진현의 포구에 침입해 조운선(물건을 실어 나르는 배)을 약탈하고, 사람들을 납치해 갔다는 기록을 보면 이전만큼의 세력은 아니었지만 남해안에서 활동하는 삼별초는 고려에 위협이 되고 있었습니다. 고려의 입장에서는 조정에 반기를 들었으니 삼별초에 대한 인식이 좋을 리 없습니다. 삼별초를 가만히 둘 수 없었던 고려는 군사를 보내 토벌을 하기

항몽유적지 내성 유적

로 결정하고 몽골에 지원군을 요청합니다. 그렇게 제주로
출정한 여몽연합군의 규모는 배 160척에 병사가 1만여 명
이었다고 합니다. 이런 소식은 제주에 있는 삼별초에게도
알려졌을 테니 여몽연합군에 맞서 싸울 준비를 해야 했습
니다. 김통정이 전쟁을 준비하는 과정도 전설은 특별하게
설명하고 있습니다.

◇◇◇◇◇◇◇◇◇

　김통정은 집집마다 세금을 걷었는데 돈이 아니라 재
와 빗자루를 걷었다고 한다. 그렇게 받은 재를 모아 토
성의 성벽에 쫙 깔고 말 꼬리에 빗자루를 달아매 성벽

위를 달리게 했다. 빗자루에 의해 깔려 있는 재가 날리면서 성 주변은 안개가 낀 듯이 뿌옇게 되었다. 때문에 여몽연합군이 김통정이 있는 성을 찾으려 했지만 방향을 알지 못해 번번이 돌아가야 했다.

◇◇◇◇◇◇◇◇◇

김통정이 제주 사람들에게 세금을 걷었다는 것은 삼별초군이 제주를 장악하고 있었다는 것을 보여 줍니다. 김통정이 재와 빗자루로 먼지를 일으키는 바람에 연합군이 성의 위치를 찾지 못하는데, 실제로 여몽연합군의 배는 거친 풍랑 때문에 제주에 상륙하는 데 어려움을 겪었다고 합니다. 시간이 지나 풍랑이 잠잠해지자 중군은 함덕포로 진입했고, 좌군은 비양도로 진입해 삼별초와 전투를 벌였습니다. 그때 고려군의 장수는 김방경이었습니다. 제주 전설에서는 김방경 또한 도술을 할 수 있는 인물로 등장합니다. 김방경이 나서자 재를 날리는 작전은 무용지물이 되고 맙니다. 김통정은 사람들을 모두 성 안으로 들어오게 하고는 성문을 닫아 버립니다. 그런데 그때 애기업개(아기를 돌보는 이) 한 명이 미처 성 안으로 들어가지 못했던 것이죠.

◇◇◇◇◇◇◇◇◇

김방경은 병사들을 이끌고 성문 앞까지 당도했지만 성이 높은 데다 무쇠로 된 문으로 닫혀 있어 들어가지 못하고 있었다. 때마침 성 밖에서 그 모습을 본 애기업 개가 무쇠 문에 열나흘 동안 불을 때면 될 것이라고 알려 주었다. 김방경이 그대로 했더니 무쇠 문이 녹아 성 안으로 들어갈 수 있었다. 이때부터 '애기업개 말도 들으라'라는 속담이 생겨났다고 한다. 아무리 신분이 낮은 사람의 말이라도 귀담아들을 필요가 있다는 말이다.

◇◇◇◇◇◇◇◇◇

비양도 애기업개 바위

또 다른 전설에서는 묘책을 알려 준 사람이 애기업개가 아니라 김통정의 머슴이었다고 전하기도 합니다. 이 이야 기에서는 김통정이 잠이 들면 한 달 동안 먹지도, 마시지도 않고 잠을 잤다고 합니다. 어느 날 김통정의 머슴 꿈속에 백발노인이 나타났습니다. 그 노인이 말하기를 김통정 장 군을 잠에 들게 하지 말라는 것이었습니다. 뭔가 큰일이 일 어날 것을 암시한 상황이었겠죠. 그래서 머슴이 김통정 장 군에게 알려 주러 갔는데 이 머슴이 평소 오만한 기질이 있 어서 김통정 장군이 말도 듣지 않고 쫓아내 버렸다고 합니 다. 그래서 자신의 주인에게 앙심을 품은 머슴이 고려군 김 방경에게 김통정을 죽이는 방법을 알려 주었다는 겁니다.

김통정의 최후

김통정을 비롯한 삼별초는 결국 여몽연합군을 당해낼 수 없었습니다. 전투는 절정에 치닫고 김통정은 끝내 최후 를 맞고 맙니다. 삼별초의 명운을 건 마지막 치열한 싸움 을 전설에서는 어떻게 그려내고 있을까요.

◇◇◇◇◇◇◇◇

고려군이 성 안으로 진입하자 김통정은 도술을 써서 무쇠 방석을 바다로 던졌다. 그러곤 날개를 펴고 날아가 방석 위에 앉았다. 김방경의 군사는 새와 모기로 변해 김통정을 쫓았다. 새는 김통정의 머리에 앉고, 모기는 얼굴 근처를 날아다녔다. 김통정은 온몸에 비늘이 있어 칼로 찔러도 소용없었다. 그런데 김통정이 새를 보려고 고개를 드는 순간 목의 비늘에 틈이 생겼다. 그러자 모기로 변한 병사가 그 틈을 노려 칼로 내리쳤다. 결국 김통정은 깊은 상처를 입고 죽음에 이르고 말았다.

◇◇◇◇◇◇◇◇◇

날개 달린 장수 이야기의 대표적인 사례인 「아기 장수 우투리」에서도 주인공이 온몸을 갑옷으로 가렸으나 겨드랑이 단 한 곳을 가리지 못해 죽음에 이릅니다. 불사의 몸이지만 단 한 곳의 약점을 막지 못하는 영웅의 이야기는 그리스 신화에서도 찾을 수 있죠. 트로이 전쟁의 영웅 아킬레우스는 그의 어머니가 저승의 강인 스틱스강에 몸을 담그는 것으로 불멸의 몸을 얻었다고 합니다. 단, 어머니가 손으로 잡고 있었던 발뒤꿈치만 빼고 말입니다. 아킬레우스는 트로이 전쟁에서 바로 이 발뒤꿈치에 화살을 맞고 죽음에 이르렀다고 합니다. 뛰어난 영웅의 단 한 군데의 약점은 영웅의 비극적인 운명을 좀 더 부각시키는 장치라고 할 수 있습니다. 완전한 영웅이 되지 못한 인물에 대한 안타까움의 표현이라고도 할 수 있을 겁니다.

실제 김통정의 죽음은 어떠했을까요. 『고려사』의 기록을 보면 여몽연합군이 외성에 진입해서 불화살을 사방으로 쏘며 공격했습니다. 결국 삼별초는 뿔뿔이 흩어지고 말았는데 김통정과 70여 명은 산속으로 피했습니다. 이후 수색 끝에 김통정의 시신을 찾았고 나머지 사람들은 사로잡혀 모두 처형되었다고 합니다.

전설은 김통정의 죽음에서 끝나지 않고 뒷얘기도 덧붙입니다. 김통정은 죽어 가면서 '내 백성들일랑 물이나 먹고 살아라'라고 하면서 바위를 발로 쾅 하고 찍었다고 합니다. 그 발자국에서 물이 솟아났고, 장수물이라는 이름을 갖게 되었다는 겁니다. 지금도 발자국처럼 생긴 장수물에서는 물이 솟아나고 있습니다.

발자국처럼 생긴 곳에서 솟아나는 장수물

　그리고 김통정이 애기업개 때문에 성문이 열리게 된 것을 알고 고려군을 피해 성 밖으로 날아갈 때 애기업개가 보이자 발로 차고 떠났다는 이야기도 있습니다. 애기업개는 그 자리에서 피를 흘리며 죽었는데 그녀의 피로 안오름의 흙이 붉게 되었다는 겁니다.

　김통정의 가족에 대한 이야기도 전설로 전합니다. 김방경은 김통정의 아내를 잡았는데 그녀가 임신을 했다는 것을 눈치채고 김통정의 아내를 죽여 버립니다. 그녀의 피가 흘러 흙이 붉게 되었다는 것이죠. 그래서 '붉은오름'이라고 불리게 되었다는 겁니다.

　이렇게 김통정과 관련한 전설에서 삼별초는 고려군과의

전투에서 패배하고, 김통정과 그의 가족들은 모두 죽음을 맞습니다.

김통정의 신분이 바뀌다

김통정에 대한 이야기는 삼별초와 함께 전하는 것이 일반적이지만 김통정이 단독으로 등장하는 이야기도 있습니다. 이 이야기에서는 김통정의 신분이 달라지는데, 고려의 장수가 아니라 천자국의 신하로 나타납니다.

◇◇◇◇◇◇◇◇◇

옛날 제주에 말 한 마리가 있었는데 사람을 상대하지 않는 말이었다. 이 말은 날이 어두워지면 한라산 물장오리에 가서 물을 마시고 큰 소나무에 몸을 비볐다. 그런데 그 소리가 엄청나게 커서 중국의 천자에게까지 들렸다. 천자가 달구경을 나왔다가 그 소리를 듣고 어디서 들리는지 알아보라고 했다. 제주에서 들리는 말의 소리라고 하자 천자는 남다른 능력을 갖고 있는 그 말이 탐났다. 대신들에게 그 말을 잡으러 누가 가겠냐고 물었더니 김통정이 자진해서 나섰다.

　김통정이 제주에 들어와서 말을 찾으러 다녔다. 제주 사람들에게 그 말에 대해 물었더니 한라산 물장오리에서 물을 마시고 소나무에 몸을 비비면 엄청난 소리가 진동을 한다고 했다. 김통정은 물장오리에 가서 말이 나타나기를 기다렸다. 말은 평소처럼 물을 마시고 소나무에 몸을 비비려고 했다. 그 순간 김통정이 달려들어 말을 뒤에서 안았다. 말이 길길이 날뛰자 김통정은 내가 너의 주인이다 하고 외쳤다. 그랬더니 사나웠던 말이 얌전해졌다. 김통정은 말을 타고 유유히 마을로 내려왔다. 그런데 김통정은 천자에게 돌아가지 않았다. 대신에 제주 사람들을 모아 놓고 말하기를 이제부터 이곳의 책임은 자신이 맡을 테니 서울로 진상을 바치지 말라는 것이었다. 그리고 세금도 빗자루 세 개와 재만 바치라고 했다는 것이다.

◇◇◇◇◇◇◇◇◇

　이 이야기에서는 김통정이 제주에 온 이유가 완전히 다릅니다. 고려 정부에 저항하는 삼별초를 이끌고 제주에 주둔하러 온 것이 아니라 천자가 탐한 말을 찾기 위해 혼자서 제주에 들어왔다는 겁니다. 김통정의 비범성은 길들여지지 않는 말을 단번에 손에 넣는 능력을 보여 주는 것으로 나타납니다. 계획대로 말을 얻었으니 이제 돌아가 천자에게 바치면 무사히 임무를 마치는 것이었는데 김통정은 돌아가지 않고 제주에 정착하기로 합니다. 삼별초에 대한 언급이 나타나지 않는 것을 보면 삼별초라는 부대의 장수라는 이미지보다는 김통정 개인의 영웅성에 좀 더 초점이 맞춰진 이야기라 하겠습니다.

김통정이 서울에 진상을 하지 말라고 한 것은 중국이나 고려에 속해 있던 제주를 스스로 다스리겠다는 의미로 해석할 수 있을 것입니다. 보통 제주 이야기에서 천자국이라고 하면 중국을 언급하는 것으로 이해하는 경우가 많습니다. 하지만 김통정이 고려도 아니고 중국의 신하라니 역사적 사실과는 전혀 다른 것이죠. 굳이 해석을 해 보자면 고려는 몽골과의 오랜 싸움 끝에 결국 항복을 했습니다. 그에 반발해서 삼별초가 항쟁을 시작했죠. 몽골에 항복한 고려의 신하라면 천자국의 신하로도 볼 수 있을 것입니다. 그러니 전설에서 천자국의 신하였지만 배신을 하고 제주에 정착한 것을 몽골에 항복한 고려에 반기를 들고 제주에 왔다는 뜻으로 연결해 생각할 수 있을 것 같습니다.

이후의 이야기는 다른 전설과 비슷하게 전개됩니다. 이 전설은 고내리에 전하는 신당의 본풀이와 상당히 유사합니다. 본풀이에서는 제주에 있는 말 때문이 아니라 천자국에서 탐라를 돌아보란 이유로 김통정을 제주에 보냅니다. 김통정이 탐라국에 와 보니 소와 말과 각종 생산물이 풍족하니 욕심이 났다는 것입니다. 그래서 김통정이 천자를 배신하고 제주에 자리 잡게 되었다는 것이죠. 본풀이에는 김통정을 잡으러 천자국에서 황서, 을서, 국서라는 세 장수를 보냈다고 하고 김통정의 최후가 좀 더 자세히 묘사됩니다. 김통정이 무쇠 방석을 추자도 근처 바다에 던지고 방석에 앉자 황서가 제비가 되어 날아가 김통정 머리 위에 앉아서 괴롭히고, 을서가 변신을 해서 김통정이 앉아 있는 방석을 공격했습니다. 그러니 김통정이 앉아 있는 자리가 흔들렸고, 목에 있는 비늘이 들리는 그 순간 은장도를 들고 있던 국서가 목을 베어서 김통정을 잡았다는 겁니다. 마치 영화 속 한 장면처럼 묘사되고 있습니다.

애월 해안도로에 세워진 김통정 석상

제주 신화에 등장하는 김통정

이처럼 김통정은 역사 속 인물이지만 제주 신화에도 등
장하고 있습니다. 신화에서의 김통정은 전설과 비슷하면
서도 또한 다른 면모를 보여 줍니다. 그중 대표적인 이야
기가 대정현에 있었던 광정당과 관련하여 전하는 이야기입
니다.

옛날 제주도에 삼 형제가 살고 있었는데 김통정이 삼별초를 이끌고 제주도로 들어왔다. 김통정은 항파두리에 토성을 쌓았고, 집집마다 세금을 걷었다. 그 세금이 재와 빗자루였다. 그는 세금으로 받은 재를 토성의 성벽에 쫙 깔았다. 그리고 말 꼬리에 빗자루를 달아매고, 말이 성벽 위를 달리게 했다. 그러자 빗자루 때문에 깔려 있는 재가 다 날려 성 주변은 안개가 낀 듯이 뿌옇게 되어 세상이 캄캄해졌다. 참다못한 삼 형제가 김통정을 응징하러 갔다. 김통정도 가만히 잡히지 않고 도술을 써서 무쇠 방석을 바다로 던졌다. 그리고 새로 변해 날아가더니 방석 위에 앉았다. 사신용왕도 새로 변하여 김통정의 방석을 잡아당겼는데, 김통정은 다시 매로 변해서 도망을 갔다. 그 뒤를 형제 중 장남이 끝까지 쫓아갔는데, 김통정이 목을 든 순간에 비늘 사이로 칼을 찔러 죽였다고 한다.

◇◇◇◇◇◇◇◇◇

실제 역사나 전설에서는 고려군이 제주에 들어와 삼별

초를 공격하는데, 여기서는 외부에서 들어온 세력이 아닌 제주에 살던 삼 형제가 공격을 합니다. 공격을 하는 이유는 김통정이 재를 날려 세상이 캄캄해졌다는 것입니다. 이 것을 어떻게 해석해야 할까요. 김통정 세력이 제주에 정착하면서 제주 사람들로서는 힘든 점이 있었을 겁니다. 주둔하는 병사들의 의식주를 지원해야 되고, 여몽연합군에 대비한다는 명목으로 제주 사람들을 동원해 방어 시설을 구축했을 테니 말이죠. 그러니 제주 사람들 중에 삼별초에 동조하지 않았던 세력이 있었다고도 볼 수 있을 것입니다.

이어지는 이야기는 더욱 흥미롭습니다. 그렇게 김통정 장군을 처리하고 나서 삼 형제가 각자 활을 쏘아서 차지할 땅을 정하기로 합니다. 큰형이 먼저 활을 쐈는데 대정으로 활을 쏜다고 한 것이 그만 정의와 대정 사이에 떨어져서 그곳을 기준으로 정의와 대정의 경계를 갈랐다고 하고, 둘째는 정의에 쏜다고 한 것이 정의서낭당에 쏴서 모관과 정의의 경계를 갈랐다고 하고, 셋째는 모관에 쏜다고 한 것이 모관과 대정의 사이에 쏴서 모관과 대정의 경계를 갈랐다고 합니다. 그렇게 해서 정의현, 대정현, 제주목의 경계가 나눠졌다는 것입니다. 그리고 큰형은 모관의 광양당에, 둘째는 정의 서낭당에, 셋째는 대정 광정당에 좌정했다고 합니다. 이렇게 해서 삼 형제가 각각 제주도의 북쪽, 동쪽, 서쪽의 마을 신으로 모셔지게 되었다는 이야기입니다.

제주도의 행정 구역 변화를 보면 고려시대에는 동서로 구분이 되었었고, 조선시대 들어서면서 3개의 행정 구역으로 나눠졌습니다. 삼별초 이후 120년이 더 지난 뒤에야 조선이 세워지니 역사적 시기로는 맞지 않는 이야기죠. 예전 세력이 패배하고 새로운 체제가 형성되는 것을 김통정의 패배와 삼 형제의 좌정에 빗대었던 건 아닐까요.

앞서 고내리에 전하는 본풀이에서는 외부에서 온 세 장수가 김통정을 없앴는데, 이 이야기에서는 제주에서 살던 삼 형제가 김통정을 없앱니다. 즉, 그 성격이 제주 내부의 존재냐 외부의 존재냐에 차이를 보입니다. 고내리 이야기는 외부에서 온 장수로 설명하고 광정당 이야기는 제주에서 솟아난 신으로 설명하는 것입니다.

그리고 본풀이에 김통정을 없애려 세 명의 장수가 등장하는 것도 유심히 볼 내용입니다. 역사적으로 보면 여몽연합군을 대표하는 세 장수가 있었습니다. 우선 고려군에 김방경이 있었고, 몽골군에 흔도가 있었고, 또 한 사람은 고려 출신이나 아버지가 몽골로 귀화한 홍다구가 있었습니다. 이 세 명이 삼별초 토벌에 앞장선 대표적인 장수들이었습니다. 전설에서는 구체적으로 등장하지 않는 장수들이 본풀이에 전하는 것을 보면 전설보다 본풀이에 당시의 상황이 더 각인되어 있다고 생각할 수 있습니다.

김통정이 직접 마을 신으로 좌정한 이야기가 전하는 곳도 있습니다. 이런 이야기는 삼별초가 주둔한 애월 쪽이 아니라 오히려 성산 쪽의 본풀이에 나타납니다. 성산본향당 본풀이에 보면 항파두리에서 김통정이 만 리에 달하는 토성을 쌓았고, 동으로 일천 명 서쪽으로 일천 명 싸우러 들어오니 한 손에 장두칼을 쥐고 동으로 천 명, 서쪽으로 천 명을 몰살시키고, 성산으로 가서 수맥을 찾아 샘물을 파서 마을 사람들이 마실 수 있게 하고는 성산마을에 좌정했다고 합니다.

이렇듯 김통정 이야기가 여러 전설과 본풀이로 정착된 것은 제주 사람들이 이야기로 만들어 기억할 만큼 삼별초와 여몽연합군의 전쟁이 끼친 영향이 컸기 때문일 겁니다.

제주신화전설탐방로의 김통정 조형물

떠나지 않은 군사들

고내리에 전하는 본풀이의 뒷부분에는 김통정을 죽인 세 장수의 후일담이 이어집니다. 김통정을 처치하러 온 외부의 장수들은 제주를 떠나지 않고, 오히려 제주에 정착하는 선택을 합니다. 김통정이 제주에 들어왔다가 정착을 하게 된 것처럼 말이죠.

◇◇◇◇◇◇◇◇

세 명의 장수가 김통정을 처리한 후에 천자국에 보고를 했다. 천자국에게 보고를 하고 나서 보니까 고내봉 북쪽에 선녀가 있었는데 얼굴이 아주 고왔다. 이 선녀는 요왕국 셋째 딸이었는데 부모께 불효를 저질러 이곳으로 귀양을 온 상황이었다. 그래서 고내봉 북쪽 만년폭낭 그늘에 와서 앉아 있었던 것이다. 세 명의 장수가 그 선녀를 보고 마음에 들었다. 그래서 고내리에 와서 남녀노소를 차지하고 나무와 물을 차지하고 마을의 토지관이 되었다고 한다.

◇◇◇◇◇◇◇◇

실제 역사 기록을 보면 삼별초가 토벌된 후에 몽골 장수 흔도는 500명의 병사를 제주에 주둔하게 합니다. 그러니 고려군도 섣불리 군사를 먼저 물릴 수는 없었을 겁니다. 김방경 역시 1천 명의 병사를 머무르게 했습니다. 이후 제주에 탐라총관부가 설치되고, 제주도가 원나라의 직할지가 되기도 했습니다. 원나라가 제주를 말 키우는 목장으로 이용하면서 말을 관리하는 목호牧胡들을 파견하기도 합니다. 제주 사람들 입장에서는 전투가 끝났는데도 돌아가지 않고 제주에 남은 몽골군들, 그리고 새로 유입되는 원나라 사람들이 뇌리에 남아 이런 이야기로 전하게 된 것은 아닐까 합니다.

아무래도 지금 전해지는 역사 기록들은 중앙의 시각에서, 그리고 승자의 입장에서 쓰여진 것이기 때문에 당시 제주 사람들이 어떤 인식을 갖고 있었는가를 파악하기는 어렵습니다. 다만, 이렇게 신화와 전설에서 전해 오는 이야기를 통해서 역사 기록에서 만날 수 없는 김통정과 삼별초에 대한 그 시대 제주 사람들의 생각을 조금이나마 엿볼 수 있습니다.

세 번째 이야기
한눈에 병을 고친 명의

한눈에 병을 고친 명의

시대를 뛰어넘어 뛰어난 의술로 이름을 날린 인물로 중
국의 화타를 들 수 있습니다. 『삼국지연의』에서 독화살을
맞은 관우의 팔을 치료한 장면으로 잘 알려진 화타는 신
의神醫라고 불릴 정도로 유명하여, 그 명성이 우리나라에
까지 전해졌습니다. 고전소설 『별주부전』의 한 이본異本에
는 토끼에게 속은 것을 한탄하는 별주부 앞에 화타가 나
타나 그의 충성심을 칭찬하면서 용왕의 병을 고치는 약을
건네주기도 합니다. 우리나라에서는 단연 『동의보감』을
쓴 허준이 유명합니다. 허준 역시 중국 천자의 병을 고쳤다

는 전설이 전해집니다. 이들은 역사에 기록된 뛰어난 업적에 특별한 능력을 보여 주는 전설이 덧붙여지면서 최고의 명의로 회자되고 있습니다. 화타에 비견될 수 있는 또 다른 명의의 이야기가 제주에 전해집니다. 바로 진좌수라는 인물입니다. 진좌수는 의술에 아주 뛰어났던 인물로, 사람을 척 보고서 한눈에 병의 원인은 물론 처방까지도 금세 알려 주었다고 합니다. 특별한 인연으로 의술을 잘하게 되고, 기이한 치료법으로 죽어 가던 사람을 구했다는 진좌수의 전설을 따라가 봅시다.

여우 구슬로 특별한 능력을 얻은 진좌수

한 분야에서 성공한 사람들은 어릴 때 특별한 경험을 통해 그 분야에 관심을 갖게 되는 경우가 많습니다. 학창 시절 은사의 한마디에 영향을 받아 인생의 진로를 결정하기도 하고, 우연한 기회로 자신의 숨겨진 재능을 발견하기도 합니다. 진좌수 역시 어린 시절 기이한 경험을 통해 특별한 능력을 얻고 의원의 길을 걷게 되었습니다. 과연 그에게 어떤 일이 있었을까요?

◇◇◇◇◇◇◇◇

진좌수는 어릴 때 서당에 글을 배우러 다녔다. 여느 때처럼 서당에 가던 중에 예쁜 소녀를 만났다. 소녀는 진좌수에게 다정하게 다가오더니 구슬을 넘기는 놀이를 하자고 했다. 소녀는 자신의 입에 오색 구슬을 넣고 굴리다가 진좌수의 입으로 넘겨주었다. 진좌수도 구슬을 입에 넣고 굴리다가 다시 소녀에게 넘겨주었다. 진좌수는 그 후로도 계속해서 서당을 오가는 길에 소녀를 만나 그 놀이를 했다. 서당의 훈장은 언제부턴가 진좌수가 점점 야위고 공부에 집중하지 못하는 것이 이상했다.

"네가 요즘 얼굴도 상한 것 같고, 몸이 점점 야위어 가는 것 같은데 무슨 일이 있느냐?"

진좌수는 잠시 망설이다가 훈장에게 사실대로 털어놓았다.

"얼마 전 서당에 오는 길에 한 소녀를 만났는데 입에서 입으로 구슬을 넘기는 놀이를 하자고 해서 매일같이 그 놀이를 하고 옵니다."

훈장은 잘되었다고 기뻐했다.

"다음에 그 소녀를 만나 또 놀이를 하자고 하거든 구슬을 꿀꺽 삼킨 뒤에 하늘을 보고, 땅을 보고, 사람을 보거라."

그 후 진좌수 앞에 또다시 소녀가 나타났다. 예전처럼 소녀가 진좌수에게 구슬을 건네주자 진좌수는 훈장이 말한 대로 구슬을 꿀꺽 삼켜 버렸다. 그 순간 소녀가 갑자기 구미호로 변해 달려들었다. 진좌수는 겁이 나서 훈장이 말한 것을 다 잊고 그대로 줄행랑을 치고 말았다. 진좌수는 서당으로 달려와 훈장을 찾았고, 훈장은 진좌수에게 어떻게 되었는지 물었다.

"훈장님이 말씀하신 대로 구슬을 삼켰는데 소녀가 갑자기 여우로 변했습니다."

"내가 말한 대로 하늘과 땅과 사람을 보았느냐?"

"너무 무서워서 훈장님 말씀을 잊고 그냥 도망쳐 나왔습니다."

"아쉽구나. 하늘을 보았으면 천문을 알게 되고, 땅을 보았으면 지리에 밝을 텐데, 사람만 봤으니 의술에는 뛰어나겠다."

훈장의 말대로 진좌수는 훗날 의술을 배워 명의로 이

름을 떨쳤다.

◇◇◇◇◇◇◇◇

이렇게 진좌수는 여우의 구슬 덕분에 명의가 되었다고 합니다. 여우와 관련된 전설에서 자주 등장하는 아이템이 여우 구슬입니다. 여우는 구슬을 이용해 남자의 정기를 빼앗습니다. 소녀로 변신한 여우가 진좌수와 구슬을 주고받는 놀이를 한 것도 진좌수의 정기를 빼앗기 위해서였습니다. 만약 그 놀이가 계속되었다면 진좌수는 모든 정기를 빼앗겨 죽음에 이르고 말았을 것입니다. 다행히 이를 눈치챈 훈장 덕분에 진좌수는 목숨을 구할 수 있었습니다. 또한 전화위복으로 여우의 구슬을 삼키면서 구슬에 깃든 특별한 힘까지 얻게 되었죠.

여우 구슬을 얻어 뛰어난 인물이 되었다는 이야기는 제주뿐만 아니라 여러 지역에서 나타납니다. 우리에게 익숙한 인물인 이황, 송시열, 정철 등을 비롯해 각 지역의 특출한 인물들이 여우 구슬을 얻어 남다른 능력을 갖게 되었다는 전설의 주인공으로 등장합니다. 고전소설『전우치전』에서 전우치가 도술을 얻게 되는 것도 여우 구슬 에피소드와 관련이 있습니다. 이를 보면 여우 구슬 괴담은 예전부터 전국에 퍼져 있던 것으로 보입니다.

그런데 여우 구슬의 효과는 조금씩 다르게 나타납니다. 첫 번째는 구슬을 삼킨 뒤 총기가 좋아져 공부를 잘하게 되었다는 경우입니다. 정조가 '동방의 주자朱子'라고 했던 송시열의 전설에서는, 여우 구슬을 삼킨 후 공부할 때 더욱 정신이 맑아져 훌륭한 문장을 쓸 수 있게 되었다고 전해집니다. 두 번째는 여우 구슬을 삼킨 뒤 하늘을 보고 땅을 보라는 조건이 제시되는데, 하늘을 보지 못하고 땅만 보는 바람에 지리에 통달하게 되었다는 경우입니다. 이 이야기는 뛰어난 풍수사가 주인공으로 등장하여 땅을 보는 능력을 얻게 되는 계기로 많이 나타납니다. 세 번째는 하늘과 땅을 보는 것에 더해 사람을 보는 조건이 추가된 경우입니다. 세 가지 조건 중 사람을 보는 조건만 충족시킨 진좌수는 의술에 뛰어나게 되었다고 합니다. 어떤 이본에서는 진좌수가 천문지리 모두에 뛰어났다고도 하지만, 대다수의 이야기에서는 그의 의술 능력이 주로 부각됩니다. 어쨌든 여우 구슬을 삼키면 특별한 능력을 얻는 것만은 분명한 일이었죠.

그래서 구미호를 소재로 한 드라마에는 신비한 여우 구슬의 서사가 빠짐없이 등장합니다. 전설 속 구미호는 인간의 정기를 빼앗으려 하지만, 최근 드라마의 구미호들은 오히려 여우 구슬로 사람을 구하기도 합니다. 〈내 여자친구는 구미호〉에서는 자신을 그림에서 꺼내 준 남자 주인공 대웅이 사고로 죽어 가자, 자신의 여우 구슬을 그에게 넘겨 목숨을 살립니다. 또 〈구미호뎐〉에서는 사랑에 빠진 여인의 환생을 위해 구슬을 넘겨줍니다. 이렇게 여우 구슬은 특별한 능력을 주는 것을 넘어 사람의 생명까지 좌지우지할 수 있는 신비한 아이템으로 그려지고 있습니다.

한눈에 병의 원인을 알아채다

여우 구슬을 얻고 사람의 몸에 통달하게 된 진좌수. 이후 그의 다양한 활약상을 담은 이야기가 전합니다. 진좌수는 마땅한 치료 방법을 알지 못해 목숨이 위험한 환자들을 간단한 처방으로 구해냅니다. 그는 어떻게 환자들을 치료했을까요.

　어느 날 진좌수가 제주성 안에 들어갔다가 어느 집
앞에 사람들이 웅성웅성 모여 있는 것을 보게 되었다.
그 집의 부인이 아이를 낳다가 숨이 끊어져 집안이 난리
가 난 것이었다. 그때 진좌수가 나섰다. "내가 한번 산모
를 살펴보겠소." 사람들은 이미 죽은 사람을 어떻게 하
겠느냐고 수군댔다. 진좌수는 산모를 쓱 살펴보더니 배
에 침을 한 방 놓았다. "산모가 곧 깨어나서 아이를 낳
을 것이니 준비하시오." 진좌수는 그 말만 남기고 떠났
다. 얼마 후 산모의 남편이 급히 진좌수를 찾아왔다. "의
원님 덕분에 산모가 살아나 아이를 무사히 낳았습니다.
정말 고맙습니다." "아기가 나오면서 왼쪽 손으로 산모
의 숨통을 막아 버려서 그런 것이오. 아이 왼쪽 손가락
을 살펴보면 침 놓은 자국이 남아 있을 것이오." 남편이
집으로 돌아가 아이의 왼쪽 손가락을 보니 정말 침에
찔린 자국이 남아 있었다.

◇◇◇◇◇◇◇◇◇

　진좌수는 모두가 죽었다고 생각한 산모를 단 한 번의

침으로 살려냅니다. 침술은 과거에 일반적인 의료 행위로, 『동의보감』에서도 '침구편'에 별도로 다룰 정도로 중요한 치료법이었습니다. 사극에서 가장 많이 등장하는 치료 방법이기도 한데, 드라마 〈허준〉에서 살아 있는 닭에 아홉 개의 침을 놓는 유의태와 양예수의 '구침지희九鍼之戲(살아 있는 닭의 몸 안에 아홉 종류의 침을 찔러도 닭이 아파하거나 죽지 않는 침술이라는 뜻으로, 아주 뛰어난 침술을 이르는 말.)' 대결은 침술의 최고봉을 보여 주는 장면입니다. 침을 잘 놓으려면 사람의 혈과 맥을 정확히 알고, 침을 놓는 위치와 깊이에 대한 이해가 있어야 하죠. 그러니 진좌수는 침술에 대해 해박한 지식을 갖추고 있었던 것입니다. 그의 침술 실력을 보여 주는 또 다른 이야기가 있습니다.

◇◇◇◇◇◇◇◇◇

어느 날 양반집 부인이 베틀로 명주를 짜던 중에 북이 떨어져서 주우려다 기절했다며 그 집안사람이 급하게 진좌수를 찾았다. 양반집에 간 진좌수가 부인의 진맥을 하러 방에 들어가려고 했다. 그런데 그 부인의 남편이 외간 남자에게 부인을 보여 줄 수 없으니 환자의 팔목에 실을 묶고, 그것을 문틈으로 내주면 문밖에서 진맥하라 했다. 진좌수는 그렇게 하자고 하면서 아무 말 않고 실을 잡아서 맥을 짚어 보았다. 그 후 방문을 조금만 열라고 하고는 밖에서 환자의 복부를 향해 침을 던졌다. 그 침이 부인의 배에 가서 꽂히자 부인이 갑자기 숨을 쉬며 살아났다. 진좌수는 양반집 부인이 배가 고픈 상태로 명주를 짜다가 몸을 구부리는 순간에 빈 창자가 붙어 버려서 숨이 멈춘 것이라고 하며 이제 창자를 떼어 놓았다고 말하고는 돌아갔다.

◇◇◇◇◇◇◇◇◇

옛날 실을 짤 때 사용했던 베틀(국립민속박물관 소장, 출처: e뮤지엄)

진좌수는 마치 무협 영화 속 고수가 암기술 暗器術 을 쓰듯 멀리 떨어진 환자에게 정확히 침을 던졌습니다. 실제로 이런 일이 가능하지는 않겠지만, 전설 속 그의 침술은 신의 경지에 이르렀다고 할 수 있죠. 우리나라에서 침술의 대가를 꼽으라면 선조, 광해군, 인조 시대에 활약했던 허임이 있습니다. 허임은 허준도 인정할 정도로 침술이 뛰어났습니다. 『광해군일기』의 기록을 보면 허임은 보통 성격이 아니었습니다. 그가 전라도 나주에 머물고 있을 때 왕이 몇 번이나 불렀는데도 조정에 가지 않았고, 어느 날은 왕이 일찍 궁에 들라는 명을 내렸건만 여러 번 재촉을 받고서야 느릿느릿 입궁했습니다. 그럼에도 왕들이 그에게 벌을 내리기를 주저한 것은 그의 침술이 워낙 뛰어났기 때문입니다. 드라마 〈명불허전〉에서는 타임슬립으로 현대에 온 허임이 현대 의학으로 고치기 어려운 병을 침술로 고치는 모습이 그려집니다. 만약 허임과 진좌수가 구침지희 대결을 벌인다면 어떻게 될까요? 둘 다 침술에 있어서는 최고이니, 아마도 아홉 개의 침을 놓아도 닭은 멀쩡했을 겁니다.

진좌수의 치료법은 좋은 약이나 특별한 의술이 아니라, 병의 원인을 정확하게 파악하고 그에 따른 처방을 내리는 것이었습니다. 진좌수는 산모를 한 번 본 것만으로도 아이가 손가락으로 숨통을 막고 있는 것을 눈치챘고, 양반 집 부인이 명주를 짜다가 몸을 구부리는 순간 빈 창자가 붙어 버린 것을 감지해냈습니다. 그는 마치 환자의 몸속을 엑스레이로 들여다보는 것처럼 정확하게 원인을 파악했습니다. 어쩌면 남들이 보지 못하는 신체의 내면을 꿰뚫어보는 능력이 여우 구슬로부터 얻은 힘일 수도 있겠죠. 만화 〈귀멸의 칼날〉에서는 무도의 수련이 궁극에 다다르면 신체를 투시하는 능력에 도달한다고 합니다. 진좌수도 여우 구슬 덕분에 의술에서 궁극의 경지에 도달하여 사람의 몸속 구석구석을 볼 수 있는 능력을 갖게 되었는지도 모릅니다.

때와 장소를 가리는 기이한 처방

뛰어난 침술로 유명한 진좌수였지만, 그가 모든 병을 침술로만 해결한 것은 아닙니다. 과거에는 병을 고치기 위해 침술과 더불어 처방에 따라 약을 조제하여 환자에게 먹였습니다. 병에 따라 정확한 처방을 내리는 것이 의원의 능력을 가늠하는 기준이었죠. 그런데 진좌수는 환자에게 기상

천외한 처방을 내리기도 했습니다. 그가 명의로서 명성을 떨칠 수 있었던 이유는 상황과 장소에 맞춘 독특한 처방도 한몫했습니다.

◇◇◇◇◇◇◇◇

어느 날 새벽, 한 남자가 자신의 부인이 해산을 못 해 죽을 것 같다며 찾아왔다. "문지방을 깎아서 살라 먹여 보라"고 말한 진좌수는 다시 잠에 빠졌다. 남자는 방법이 이상하긴 했지만 집에 돌아가 그대로 따랐는데, 신기하게도 산모가 무사히 아이를 낳았다. 이 이야기는 곧 사람들 사이에 퍼져 동네 전체에 알려졌다. 며칠 후 다른 집에서도 산모가 해산을 하지 못하는 사태가 발생했다. 밤이 깊어지면서 아이가 나오지 않자 그 집에서도 똑같이 문지방을 살라 먹였다. 하지만 상황은 악화되었다. 이후 진좌수를 찾아가 말하니 "그건 아침에 하는 처방이고, 저녁 시간에는 그 방법이 오히려 해를 끼친다"고 했다. 이어 진좌수가 새로운 처방을 전달함으로써 산모는 살아날 수 있었다.

◇◇◇◇◇◇◇◇

진좌수가 난산을 겪는 산모에게 문지방을 살라 먹으라는 처방을 내린 것은, 문지방이 사람이 집안팎을 드나드는 관문 역할을 하기 때문에 아이가 산모의 몸 밖으로 잘 나올 수 있도록 유도하기 위한 것이었습니다. 하지만 의학적으로는 효과를 증명할 수 없는 일종의 주술적 행위에 가깝습니다. 과거에 이런 처방을 정말 따랐을까요? 실제로 『산림경제』에는 난산 해결 방법으로 "길가에 버려진 짚신 한 짝을 찾아서 신코를 잘라 태운 후 그 재를 따뜻한 술에 타 먹이면 효험이 있다."고 기록하고 있습니다. 과거 서민들의 형편을 고려하면 의원을 통한 전문적인 치료는 진료비, 약제비 등이 부담스러울 수밖에 없었습니다. 그래서 다양한 민간 요법들이 성행했습니다. 특히 제주도 같은 섬에서는 의원을 찾기도 어려웠을 겁니다. 이러한 배경 때문에 민간 요법이 일상적으로 사용될 수 밖에 없었죠. 전설에서도 민중들에게 익숙하고 기억하기 쉬운 처방들이 반영되었을 가능성이 높습니다. 진좌수의 특이한 처방과 관련한 이야기는 또 다른 전설에도 나타납니다.

◇◇◇◇◇◇◇◇◇

대정고을에서 한 소년이 자신의 늙은 어머니를 등에 업고 진좌수를 찾아왔다. 진좌수는 소년의 효성에 감복해 어머니의 병환을 살펴보는데 환자가 아주 위중한 상황이었다. "시간이 없으니 얼른 돌아가서 인두골에 있는 쌍룡수를 찾고, 그 물을 환자에게 먹이라"고 진좌수가 말했다. 소년은 인두골이 어디인지 쌍룡수가 어떤 물인지 알지도 못한 채 돌아가게 되었다. 그런데 집으로 가던 도중 등에 업힌 어머니가 자꾸 목이 마르다며 보챘다. 어쩔 수 없이 주변에 물이 있는 곳을 찾아다녔지만 찾을 수 없었다. 여기저기 풀숲을 헤치면서 다니다 오래된 해골에 고여 있는 물을 발견했다. 물에는 지렁이 두 마리가 죽어 있기까지 했다. 소년은 어머니가 목이 너무 마르다고 하니 어쩔 수 없이 그 물이라도 마시게 했다. 그랬더니 갑자기 어머니가 몸이 좋아졌다고 하면서 집까지 걸어서 갔다. 진좌수가 말한 '인두골 쌍룡수'가 바로 해골에 지렁이가 죽어 있는 물을 뜻한 것이었다.

◇◇◇◇◇◇◇◇◇

진좌수는 소년에게 병의 원인을 설명하지 않고 인두골에 있는 쌍룡수를 마시게 하라는 처방을 내립니다. 그러나 그 물이 어떤 것인지, 어디에 있는지는 알려 주지 않습니다. 만약 진좌수가 사실대로 '해골에 고여 있는 물'을 마시라고 했다면 어떻게 됐을까요. 아픈 어머니를 업고 먼 길을 찾아온 소년의 효심을 생각하면, 자신의 어머니에게 그 물을 절대로 먹이지 않았을 것입니다. 진좌수에게 욕이나 하지 않았다면 다행입니다. 이 에피소드는 환자의 미래를 내다보는 진좌수의 신이한 능력을 보여 줍니다. 소년의 어머니가 하필 그곳에서 목이 마를 것도, 또 그곳에 인두골 쌍룡수가 있을 것도 마치 미래를 내다보듯이 예상했으니 말이죠.

임금의 병을 고치다

진좌수는 죽음에 이른 사람도 살려내는 의술을 펼쳤습니다. 이 정도 실력이라면 바다 건너 왕이 있는 궁중에까지 소문이 나지 않았을까요. 제주 사람들도 섬사람인 진좌수가 자신의 뛰어난 능력을 마음껏 펼치는 모습을 머릿속에

그려 보곤 했을 테죠. 그런 기대감이 진좌수의 서울행 이
야기를 만들어냈을 겁니다.

◇◇◇◇◇◇◇◇◇

왕에게 병이 나서 전국에 뛰어난 의원을 불러 모았
다. 진좌수도 전라감사의 추천으로 서울로 가게 되었
다. 궁궐에 들어간 진좌수는 워낙 행색이 초라해서 사람
들이 무시할 정도였다. 그래서 방에도 못 들어가고 마루
의 가장 바깥에 앉게 되었다. 그런데 갑자기 한 사내가
뛰어오더니 정승의 어머니가 길쌈을 하다가 죽어 간다
며 누구든지 처방을 달라고 하는 것이었다. 다른 사람
들은 환자의 상황을 보지 못했으니 별다른 말을 할 수
없어 수군거리기만 하고 있었다. 그때 진좌수가 쌀 일곱
알을 물에 담가 두었다가 먹으면 된다고 말했다. 다른
의원들은 사람이 죽어 가는데 쌀알이나 먹으라고 한다
고 비웃었다. 그 남자는 정승 댁으로 돌아가서 진좌수
의 처방을 전달했다. 얼마 후 그 남자가 다시 찾아오더
니 그 처방 덕분에 정승의 어머니가 쾌차하셨다고 하며
정승이 모셔 오라고 했다는 것이다. 그렇게 정승을 만나

게 된 진좌수는 성대한 환영을 받고 정승의 안내로 왕을 만나게 되었다.

당시 왕은 등창을 앓고 있었는데, 내로라하는 명의들의 처방도 모두 듣지 않는 상황이었다. 진좌수는 왕의 상태를 보더니 거미집과 거미 일곱 마리를 잡아 오게 했다. 그것을 찧어서 왕의 등에 붙였더니 그렇게 낫지 않던 병이 삼 일 정도 지나자 말끔히 나았다. 임금은 자신의 병을 고쳐 준 진좌수를 옆에 두고 싶어 벼슬을 내리려고 했다. 하지만 진좌수는 고향에 나이 드신 부모가 있어 봉양을 해야 한다며 벼슬을 마다했다. 임금은 아쉽지만 진좌수를 그냥 보내 주는 대신에 지방 수령의 자문 역할을 하는 좌수 벼슬을 내려 병을 고친 것에 대한 보답을 했다고 한다.

◇◇◇◇◇◇◇◇◇

진좌수는 다른 의원들이 해결하지 못했던 임금의 병을 순식간에 고쳐냅니다. 조선 최고의 의원이 되는 순간이죠. 임금의 병을 치유한 진좌수는 높은 지위를 얻어 승승장구할 수 있었을 겁니다. 하지만 전설 속 진좌수는 부모를 모서야 한다는 이유로 벼슬을 사양하고 고향으로 돌아가는 결정을 내립니다. 그런 그에게 임금이 내려준 향청의 우두머리 좌수座首 자리는 왕의 병을 고친 공로와 능력에 비하면 성에 차지 않는 벼슬입니다. 왕의 제안을 거절하는 이유로 부모를 봉양하겠다는 말만큼 좋은 것은 없을 겁니다. 거기다 진좌수의 깊은 효심을 강조하면서 명성을 드높이는 효과도 있죠. 이 이야기의 실제 인물은 진국태라고 합니다. 좌수 벼슬을 받은 진국태는 이후 진좌수로 불리게 됩니다.

이렇게 전국의 명의들 가운데서 두각을 나타낸 진좌수는 귀향길에 오릅니다. 그런데 그의 탁월한 능력이 또 한번 발휘되어 죽음의 위기를 절묘하게 피합니다.

◇◇◇◇◇◇◇◇◇

진좌수가 제주로 내려가려고 배를 탈 때였다. 이상하게도 배에 타고 있는 사람들이며 사공의 얼굴이 머지않아 죽을 상이었다. 진좌수는 이 배를 탔다가는 큰일이 나겠다고 생각하고는 배에 오르지 않고 있었다. 그때 어떤 한 사람이 배에 오르는데, 그는 죽지 않을 상이었다.

진좌수는 이 사람과 같이 가면 괜찮겠다고 생각해서 그 배에 올라타 제주로 향했다. 배는 무사히 제주에 도착했다. 그리고 죽지 않을 상을 가진 사람이 내리자 진좌수도 얼른 따라 내렸다. 그런데 그때 갑자기 돌풍이 불더니 순식간에 배가 파도에 휩쓸려 뒤집어졌고, 배에 타고 있던 나머지 사람들은 모두 죽고 말았다.

◇◇◇◇◇◇◇◇◇

사람의 얼굴을 통해 미래의 일까지 예측하는 진좌수의 능력이 빛을 발한 이야기입니다. 하지만 진좌수의 의술이 아무리 뛰어나도 안색만을 보고 그 사람에게 일어날 죽음의 기운을 느낀다는 것은 의술적 영역에서는 불가능한 일입니다. 오히려 관상을 보고 운명을 점치는 쪽에 가까운 일이죠. 어쩌면 진좌수는 그 사람의 운명까지 내다볼 수 있었던 것 같습니다. 훈장님은 여우 구슬을 삼키고 하늘과 땅을 보지 못해 천문지리에 통달하지 못할 것이라고 했지만, 정작 여우 구슬에는 그 모든 능력이 잠재되어 있었던 것이 아닐까요.

죽어서도 알려 주는 처방

 진좌수가 뛰어난 실력을 인정을 받고 왕에게 벼슬까지
받아 왔으니 분명 그를 시기하는 사람들도 있었을 겁니다.
다 죽어 가는 사람도 살린다더라, 한 번 보면 어떤 병인지
를 정확히 맞힌다더라 하는 소문이 입에서 입으로 퍼지다
보면 정말 그렇게 뛰어난 실력을 갖고 있는지 의심하는 사
람들이 생겨나기 마련입니다. 그래서 진좌수를 떠보려는
사람들도 있었지요.

◇◇◇◇◇◇◇◇◇

 어느 날은 진좌수가 볼일을 보러 갔다가 마을로 돌
아오는데 마침 모여 있던 마을 청년들이 진좌수가 돌아
오는 것을 보고 정말 명의인지 시험을 해 보자고 하고
는 한 청년에게 누워서 죽은 체하고 있으라고 했다. 진
좌수가 지나가자 청년들은 이 사람이 갑자기 쓰러졌는
데 어떻게 된 건지 좀 봐 달라고 했다. 진좌수는 그 사람
을 쓱 보더니 이미 죽은 사람이라 어떻게 할 수가 없다
고 하며 가 버렸다. 마을 청년들은 거짓으로 누워 있는

것에 속을 정도면 진좌수의 명성이 다 허세구나 하면서 낄낄대고 웃었다. 그런데 누워 있는 청년이 일어날 생각을 하지 않는 것이었다. 자세히 보니 그 청년은 정말 죽어 있었다. 청년이 연기를 하기 위해 쓰러지다가 뾰족한 돌멩이에 머리를 부딪혀 그대로 죽고 만 것이었다.

◇◇◇◇◇◇◇◇◇

청년들은 진좌수의 능력을 시험해 보려다 그만 친구를 죽음에 이르게 하고 말았습니다. 이미 죽은 친구는 아무리 진좌수라도 다시 살릴 수는 없었죠. 여러 이야기에서 진좌수는 기지를 발휘해 사람들의 생명을 구했지만 진좌수도 수명이 다한 죽음을 피할 수 없었습니다. 그런데 죽은 뒤에도 비범함을 보여 주는 이야기가 전합니다.

◇◇◇◇◇◇◇◇◇

하루는 정의현에 사는 사람이 아버지가 위급해서 용하다는 진좌수를 찾아가기로 했다. 한참을 가다 보니 앞에 흰말을 타고 가는 한 노인이 보였다. 그 사람은 노인에게 진좌수 의원 집이 어딘지 가르쳐 달라고 했다.

그 노인은 자기가 진좌수인데 당신을 기다리고 있었다면서 아버지의 병에 쓸 약은 자신의 방에 있는 책에 적어 두었으니 그대로 해서 드시면 나을 것이라고 말하고는 떠났다. 남자는 이상하다고 생각하면서 진좌수의 집을 물어물어 찾아가니 상제들이 곡을 하고 있었다. 그날이 바로 진좌수가 죽은 날이었던 것이다. 남자는 혹시나 하는 마음에 노인을 만난 일을 상제에게 이야기하고 그 책을 볼 수 없겠느냐고 했다. 상제가 방에 들어가 책을 뒤져 보니 정말 처방전이 쓰여 있었다. 진좌수는 자신이 죽기 전에 이미 환자가 올 줄 알고 처방전을 써 놓은 것이었다.

◇◇◇◇◇◇◇◇◇

환자에게 처방을 내리는 것은 환자의 상황을 알아야 할 수 있는 일입니다. 진좌수는 자신이 죽은 뒤에 찾아올 환자에 대해 이미 파악하고, 그에 따른 처방을 기록해 두었습니다. 이 정도 되면 진좌수는 정말 미래를 볼 수 있는 능력이 있었는지도 모르겠습니다. 또 다른 이야기에서는 진좌수의 후손이 병에 걸려 고생했는데 진좌수의 묘를 찾아가 밤낮으로 정성을 올렸더니 어느 날 꿈에 진좌수가 나타나 침을 놓아 주었고, 덕분에 병이 나았다는 이야기도 전하죠. 이처럼 제주 사람들은 진좌수가 죽은 뒤에도 그의 뛰어난 의술 솜씨를 그리워하며 베풂이 계속되기를 바랐던 것 같습니다.

기록에 전하는 제주 의녀

진좌수는 18세기에 제주에 살았던 실존 인물로 알려져 있습니다. 하지만 의원으로서의 활약상을 기록한 사료는 찾기 어렵습니다. 『조선왕조실록』에서는 오히려 제주 출신 의녀들의 행적에 대한 기록이 남아 있습니다. 『성종실록』에는 장덕이라는 제주 의녀에 대한 내용이 전합니다. 그녀는 치충(충치)과 눈·코의 부스럼을 제거하는 데 일가견이 있었다고 합니다. 하지만 그녀가 사망한 뒤에 그 처방을 아는 사람이 없어 곤란하게 되자 왕은 눈, 귀, 치아 등의 치료를 잘할 수 있는 자를 찾으라고 제주목사에게 명령을 내립니다. 『성종실록』의 또 다른 기록에는 장덕이 귀금이라는 여자에게 그 처방을 전해 주었다고도 합니다.

이외에 『청파극담』에는 이육이라는 사람이 자신이 겪은 일들을 기록하면서 제주에서 만난 가씨라는 사람에 대한 이야기를 합니다. 제주에 가씨라는 사람이 있었는데 치충 치료에 뛰어났다는 겁니다. 가씨의 치료법을 종이었던 장덕이 배웠고, 장덕은 능력을 인정받아 혜민서의 여의가 되었다고 합니다. 가씨는 여성인지 남성인지 확실치 않으나 성만 기재한 것을 보았을 때 여성일 가능성이 높아 보입니다. 이런 기록들을 보면 과거 제주에는 의술에 뛰어난 여성들이 활동하고 있었던 것을 알 수 있죠. 제주목사에게 치료법을 알고 있는 자를 찾으라고 왕이 명령까지 내린 것을 보면 이름난 의원들도 따라 하기 힘든 독특한 치료법이 제주 여성들 사이에 전해졌을 가능성이 높습니다. 그리고 이에 대한 조정의 관심이 상당했다는 것을 보여 줍니다.

드라마 〈대장금〉에서는 역모죄로 제주에 유배된 장금이가 의녀 장덕과의 인연으로 의술을 배우게 됩니다. 뛰어난 의술 지식을 갖춘 드라마 속 장덕 캐릭터는 분명 제주 의녀 장덕이 모티프가 되었을 겁니다. 의문스러운 점은 제주 전설에서 의녀에 대한 이야기를 찾아보기 힘들다는 겁니다. 『조선왕조실록』에까지 기록될 정도이고, 혜민서의 직책을 수행한 인물이었다면 제주도 내에서도 많이 회자되었을 것입니다. 그런데 제주에서는 그녀들에 대한 기록을 찾아보기 어렵습니다. 반대로 진좌수의 의술에 대한 이야기는 제주 전역에 널리 퍼져 전합니다. 이것을 어떻게 바라봐야 할까요?

경상남도 거창 출신으로 숙종 때 어의를 지낸 유이태 의원이 있습니다. 그런데 유이태의 전설들은 진좌수의 이야기와 비슷한 점이 많습니다. 어린 시절 여우 구슬을 얻어 명의가 되었다고 하는 것부터 난산을 겪는 부인에게 문고리를 달여 먹이게 하여 순산하도록 했다는 이야기, 백약을 써도 소용없던 어머니를 모시고 유이태를 찾아온 사람에게 아무 처방도 내려주지 않고 돌려보냈는데 돌아가는 길에 해골 안에 고여 있는 물을 마신 어머니가 병이 말끔히 나았다는 이야기는 진좌수의 이야기와 대동소이합니다. 흥미로운 것은 진좌수와 유이태 두 사람이 비슷한 시기에 살았던 인물이라는 점입니다. 두 사람 사이 어떤 인연이 있었는지는 알 수 없지만 동일한 유형의 이야기가 전설로 전하는 것을 보면 무언가 연결 고리가 있는 것은 분명한 것 같습니다.

진좌수의 능력은 전설로 전해지는 과정에서 과장되었을 테지만 사람을 살린 여러 에피소드가 전하는 것을 보면 뛰어난 의술 실력을 발휘했던 것은 분명해 보입니다. 제주에 진좌수와 같은 명의의 이야기가 전하는 것은 아무래도 섬이라는 지역적 한계 때문에 병에 걸려도 제대로 치료받지 못하던 제주 사람들의 희망 사항이 반영된 것이 아닐까 싶습니다. 제주 사람들은 진좌수의 의술을 이야기하며 자신들의 생명을 구해 줄 뛰어난 의원을 고대했을 겁니다.

네 번째 이야기
땅의 기운을 읽는 풍수사

네 번째 이야기

땅의 기운을 읽는 풍수사

우리나라는 예로부터 땅의 기운을 살피는 풍수지리를 중요하게 여겼습니다. 집터나 묫자리를 구할 때엔 풍수지리를 잘 보는 이에게 물어서 결정했습니다. 좋은 터를 쓰면 발복發福해서 후손들이 잘 살게 되지만 반대로 잘못 쓰면 패가망신한다고 여겼죠. 그래서 좋지 않은 일이 연이어 일어나면 집터가 문제라는 둥, 조상 묘를 잘못 썼다는 둥 하는 말들이 나오곤 합니다.

지금은 풍수지리를 비과학적인 민간의 풍습으로 치부하곤 하지만 조선시대에는 과거 시험을 통해 풍수지리에 뛰어난 능력을 가진 이를 관리로 선발할 정도였습니다. 이들을 지관地官이라 불렀습니다. 이렇게 선발된 관리들은 관상감에서 근무를 하며 나라에서 짓는 건물 터를 잡거나 왕릉의 장소를 정하는 역할을 맡았습니다. 국가에서 풍수지리를 꽤 중요하게 여겼으니 백성들에게도 자연스럽게 영향을 미쳤을 겁니다.

제주 전설에서도 명당과 관련한 이야기가 다수 전합니다. 명당을 찾아 주는 지관들 중에는 고전적이라는 인물이 가장 유명합니다. 그는 어떤 인물이었을까요.

복을 가져다주는 집터

제주 전설에서 고전적은 풍수지리에 뛰어난 지관으로 등장합니다. 그가 고전적이라고 불린 것은 전적典籍이라는 벼슬을 역임했기 때문이었죠. 고전적은 좋은 기운을 갖고 있는 터와 그렇지 않은 곳을 가려낼 수 있는 눈을 가지고 있었습니다. 소위 복을 가져다주는 명당을 찾아내는 능력이 있었지요. 그래서 그와 관련해 전하는 대부분의 이야기는 집터나 못자리에 대한 것입니다. 우선 고전적이 좋은 집터를 잡아 준 이야기입니다.

◇◇◇◇◇◇◇◇

고전적에게는 가난하게 살던 조카가 있었다. 더 이상
생활이 힘들어진 조카는 고전적을 찾아와 제발 먹고살
수 있게 도와 달라고 사정했다. 고전적은 조카를 데리
고 애월읍 봉성리에 있는 어느 땅으로 데리고 갔다. "이
곳에 외양간을 짓고 소를 구해다가 길러라. 그러면 소
가 잘 불어날 것이다."라고 했다. 그러고는 나중에 소가
열댓 마리까지 늘어나면 소개한 값으로 자기에게 송아
지 한 마리 정도 달라고 했다. 빈털터리인 조카는 고전
적의 배려에 고마워서 그렇게까지 된다면 송아지 정도
가 아니라 큰 소를 드리겠다고 약속했다. 조카는 고전
적이 알려 준 곳에 움막을 짓고 살면서 외양간에 소를
기르기 시작했다. 삼 년의 시간이 흘렀다. 어느 날 고전
적은 조카를 찾아가 살림이 어떠냐고 물었다. 조카는 덕
분에 송아지도 여러 마리 생겼고, 송아지를 팔아 집도
새로 짓고, 농사지을 땅도 마련했다고 했다. 그러면서
내후년쯤 되면 소가 열댓 마리 정도 될 것 같으니 그때

오면 좋은 소를 드리겠다고 다시 약속했다. 고전적은 형편이 나아진 조카를 보며 뿌듯한 마음으로 돌아왔다.

그로부터 다시 두 해가 지났다. 고전적이 조카의 집을 방문해 보니 소를 열댓 마리 기르고 있었다. 고전적은 조카에게 이제 살 만해졌으니 약속한 대로 소를 한 마리 달라고 했다. 그런데 조카는 막상 소를 넘기려니 아까운 생각이 들었다. 그래서 아직 집에 여유가 없으니 다음에 드리겠다고 했다. 고전적은 자기 덕에 그만큼 살게 되었는데 소 한 마리를 아까워하는 조카가 괘씸했다. 그래서 소가 늘어났으니 외양간을 옮겨 지금보다 크게 지으면 훨씬 더 소가 늘어날 것이라고 귀띔했다. 새로 외양간을 지을 땅도 친히 가르쳐 주었다. 조카는 고전적의 말을 믿고 외양간을 옮겨서 더 넓게 지었다. 그런데 그 후부터 소들이 한 마리씩 쓰러지더니 모두 죽고 말았다고 한다.

◇◇◇◇◇◇◇◇◇

고전적이 처음 알려 준 땅은 재산이 점점 불어나는 발복 發福할 땅이었지만 나중에 알려 준 땅은 불행을 가져다주는 땅이었습니다. 조카는 고전적의 도움을 받아 가난에서 벗어나 부유하게 살 수 있는 기회를 얻었죠. 하지만 더 많은 것을 가지려는 욕심을 부리고 말았습니다. '화장실 들어갈 때와 나올 때 다르다'고 자신이 어려울 때 도와준 고마움을 금세 잊은 것이었습니다. 엄청난 금액의 복권에 당첨되었던 사람들 중에 이전보다 불행하게 살고 있는 경우를 종종 보게 됩니다. 갑자기 얻게 된 큰돈으로 자신의 욕망을 끝없이 채우다가 그만 모든 재산을 탕진하고 마는 것이죠. 만약 복권에 당첨되지 않았다면 평소와 다르지 않게 살 수 있었을 겁니다. 지나친 욕심은 오히려 화를 불러오기 마련이니까요.

고전적은 약속을 지키지 않은 조카를 괘씸하게 여겨 과감히 그의 행운을 없애 버립니다. 고마움을 모르는 사람은 행운을 차지할 자격이 없기 때문입니다. 조카는 어렵게 손에 쥔 행운을 스스로 날려 버리고 맙니다. 그래서 이 이야기는 사람의 끊임없는 욕심을 경계하는 교훈을 주기도 합니다.

집터에 따라 사람의 길흉화복이 달라진다는 인식은 왕이 머무는 곳의 기운에 따라 나라의 흥망성쇠가 결정된다

무학대사도(국립민속박물관 소장, 출처: e뮤지엄)

는 생각으로 확장됩니다. 그러니 나라의 도읍을 정할 때
도 풍수지리가 영향을 미쳤죠. 고려의 수도인 개성은 신라
시대 승려인 도선道詵이 중요하게 여겼던 삼경三京 중에
한 곳이었습니다. 도선은 지금의 개성인 중경, 평양인 서
경, 서울인 남경을 삼경으로 일컬으면서 왕이 11월~2월에
는 중경에, 3월~6월에는 남경에, 7월~10월에는 서경에 거
주하면 36개 나라가 와서 조공을 바칠 것이라고 했습니다.
고려를 건국한 왕건은 도선이 말한 대로 옮겨 다니지는 않았지만 그의 말을 중요하게 받아들였던 것 같습니다.

조선의 도읍인 한양 역시 풍수지리로 선택된 땅이라는 전설이 전합니다. 이성계가 새로운 나라를 세우는 것을 꿈으로 예견했던 무학대사는 조선의 도읍을 정하기 위해 여러 고을을 돌아다니다 우연히 만난 한 농부의 조언을 받아 한양으로 정하게 되었다는 것이죠. 그러니 과거 우리나라는 위로는 국가의 수도에서부터 아래로는 민가의 집터까지 풍수지리가 영향을 미치지 않는 곳이 없었다고 해도 과언이 아닙니다.

스승의 묫자리를 잘못 쓰다

풍수지리에서 가장 많이 회자되는 것은 조상의 묫자리입니다. 좋은 기운이 있는 곳에 조상 묘를 마련하면 땅의 기운을 받아 후손들이 높은 벼슬에 오르거나, 재물이 들어오는 등의 복을 받는다고 여겼습니다. 그래서 사람들은 묘를 쓸 때면 좋은 땅을 고를 수 있는 지관을 찾았습니다. 고전적 역시 많은 사람들이 그에게 찾아와 조상의 묫자리를 봐 달라고 부탁했다고 합니다. 그런데 고전적이 좋지 않은 곳을 묫자리로 택한 경우가 있었습니다. 땅의 기운을 꿰뚫어 보는 그가 왜 그런 실수를 했을까요.

◇◇◇◇◇◇◇◇◇

고전적은 어렸을 때 장난꾸러기였다고 한다. 말을 잘 안 들어서 서당에 다녀도 글을 제대로 배우지 않았다. 그러다 성격 사나운 훈장이 가르치는 서당에 다니게 되었다. 고전적은 평소대로 장난을 치고 다녔는데, 훈장은 제자를 아주 엄하게 다스렸다. 그러니 고전적도 꼼짝을 못 했다. 덕분에 고전적은 글을 배우고 사람이 되었다. 그 후 훈장은 육지에 갔다가 한 집안의 아이를 가르치게 되었다. 역시나 말을 듣지 않는 아이였다. 훈장은 고전적을 가르쳤던 것처럼 엄하게 가르쳐 이 아이도 글공부를 잘하게 만들었다. 이 아이는 훈장 덕분에 열심히 공부해서 벼슬에 오르게 되었다.

벼슬에 나아간 제자가 암행어사가 되어 제주에 오게 되었다. 그는 제주에 온 김에 인사를 드릴 겸 스승의 묘를 찾아갔다. 어사는 풍수를 볼 줄 알았는데 스승의 묘가 좋지 않은 자리에 있었다. 어사는 화가 나서 이 묘를 누가 썼는지 수소문했다. 묫자리를 정한 고전적이 어사 앞에 불려 나왔다. 어사는 고전적에게 "너는 이 묫자리가 좋다고 생각하느냐"고 물었다. 고전적은 "좋지 않습니다"라고 대답했다. "그러면 왜 묘를 이곳에 썼느냐"하고 묻자 고전적이 말하기를 자신이 어릴 때 스승이 송곳으로 찌르며 공부시킨 게 떠올라 죽은 후에 복수를 좀 했다고 하면서 그렇지 않아도 곧 스승의 묘를 옮기려고 했다는 것이었다. 어사는 고전적의 능력을 시험하기 위해 좋은 자리에 가 서서는 그럼 어디가 명당인지 찾아보라고 했다. 고전적은 대번에 눈치를 채고 어사님이 서 있는 자리가 가장 명당이라고 했다.

◇◇◇◇◇◇◇◇◇

고전적은 자신을 엄하게 가르친 스승에게 복수하기 위해 일부러 묫자리를 좋지 않은 곳에 잡았습니다. 유명한 풍수사가 정해 준 곳이니 모두들 그곳을 좋은 땅으로 여겼을 겁니다. 하지만 알고 보니 고전적이 모두를 속인 것이었죠. 영화 〈파묘〉에서도 일본 음양사 기순애는 친일파 박근현의 묫자리를 명당이라며 소개해 줍니다. 하지만 그곳은 결코 명당이 아니었고, 오히려 나쁜 기운이 쌓여 박근현의 혼은 악령이 되고 맙니다. 그 때문에 후손들은 알 수 없는 병에 걸리고, 결국 혼령에 의해 죽음을 맞이합니다. 후손들이 조상의 묘를 잘못 쓴 대가를 톡톡히 치르고 말았던 것입니다.

고전적이 선택한 묫자리는 영화에서처럼 무시무시한 장소는 아니었습니다. 그는 살아 있는 동안에 스승에게 서운했던 감정을 묫자리로라도 풀고 싶어 했습니다. 그것을 아무도 눈치채지 못했으니 어쩌면 혼자서 몰래 통쾌해했을 수도 있었습니다. 완전범죄로 끝날 것만 같았던 이 상황은 또 다른 풍수 전문가인 암행어사가 등장하면서 진실이 드러납니다. 고전적은 자신의 잘못을 인정하면서 금방 좋은 터로 스승의 묘를 옮겨 놓으려 했다고 말했지만 어사는 그의 실력이 의심스러웠던 것이죠.

묘를 잘못 쓴 고전적의 실력을 믿지 못한 어사는 고전적이 과연 명당을 보는 눈을 가졌는지 시험합니다. 혹시나 가짜 풍수가로 백성들을 속이고 있을지도 몰랐기 때문입니다. 선수는 선수를 알아본다고 일반인은 알 수 없는 그들만의 진검 대결입니다. 고전적은 단번에 제대로 된 명당을 찾아내어 자신의 실력을 증명해냅니다.

이 에피소드는 제주에 부임한 소목사와 고전적의 일화로 전하기도 합니다. 전설의 내용에 맞춰 보면 제주에 있는 묘의 주인은 고전적과 소목사를 가르쳤던 동일한 인물이라는 이야기가 됩니다. 그런데 이런 인물이 실제 역사에 있었을까요? 고전적 이야기의 실존 인물은 고홍진이라고 합니다. 고홍진은 17세기 무렵 제주에 살았던 인물로, 그는 광해군에 의해 제주에 유배된 간옹 이익에게서 학문을 배웠다고 합니다. 이익은 인조반정 후 해배解配가 되어 돌아갔습니다. 그렇다면 이익과 소목사 사이에 어떤 인연이 있는 것일까요? 그 시기 소씨 성을 가진 제주목사는 효종 때 부임한 소동도와 숙종 때 부임한 소두산 두 명이 있지만 이들과 이익이 인연이 있었는지는 알 수 없습니다. 결정적으로 이익의 묘는 제주에 남아 있지 않기 때문에 이익은 후보에서 탈락입니다.

또 다른 전설에서는 고전적이 묘를 잡아 준 스승이 김진용으로 나타나는 경우도 있습니다. 김진용과 고홍진은 이익의 문하에서 동문수학한 사이라고 하고, 둘의 나이가 세 살밖에 차이가 나지 않습니다. 그러니 고홍진의 스승이 김진용이라고 보기는 어렵습니다. 과연 전설 속 묫자리의 주인공인 스승은 누구였을까요?

벼슬을 가져다주는 명당

앞선 전설에 이어지는 내용을 보면 고전적의 실력을 인정한 어사가 그를 서울로 데리고 갑니다. 어사는 조정의 고관대작들에게 풍수사로서 고전적을 소개합니다. 그의 능력에 관심을 보인 고관대작 중 한 사람이 묫자리를 잡아 줄 것을 부탁했죠. 고전적은 실력을 발휘해 좋은 자리를 찾아 주고, 고관대작이 힘을 쓴 덕에 고전적이 전적 벼슬을 얻게 됩니다. 풍수지리에 밝은 고전적이 관상감 같은 곳의 지관으로 발탁되었다면 이해되겠지만, 유생들을 가르치는 전적 벼슬을 받았다는 것이 이상하긴 합니다. 고전적이 벼슬을 받는 과정에 대해 또 다른 이야기도 전합니다.

◇◇◇◇◇◇◇◇◇

제주목사를 퇴임한 사람이 서울로 돌아갈 때 자기 조상의 묫자리가 좋은지 알아보기 위해 고전적을 찾아갔다. 목사는 고전적을 데리고 서울에서 조금 떨어진 외곽 지역으로 가더니 작은 묘 하나를 가리키며 묏자리가 어떠냐고 고전적에게 물었다. 고전적은 묘와 주변 형세를 살피더니 자손 중에 제주목사 정도는 나겠다고 말했다. 제주목사는 이 묘는 자신의 할아버지 묘인데, 그러면 내가 할아버지 덕분에 제주목사를 한 것이구나 하면서 고전적의 능력에 감탄했다고 한다. 그래서 특별히 윗사람들께 부탁해서 전적 벼슬을 받게 해 주었다는 것이다.

◇◇◇◇◇◇◇◇◇

이전 이야기에서는 제주에 온 어사 역시 풍수지리를 보는 능력을 갖고 있어 고전적의 실력을 시험했죠. 그런데 이 이야기에서는 제주목사와 고전적의 관계가 뒤바뀝니다. 제주목사는 풍수에 대해 잘 알지 못해 자기 조상의 묏자리가 좋은지 확인하고 싶어 했습니다. 고전적은 선택한 자리가 나쁘지 않다는 것을 확인해 주었고, 덕분에 전적 벼슬을 얻게 됩니다.

이렇게 전설에서는 고전적이 벼슬을 얻은 연유가 풍수를 볼 수 있는 능력 덕분이라고 이야기합니다. 그러나 고

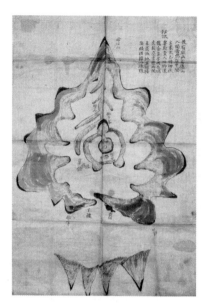

풍수도(국립제주박물관 소장, 출처: e뮤지엄)

홍진은 사실 과거 시험에 응시하여 합격했습니다. 어사 윤심이 제주에 내려와 과거를 열었고, 고홍진은 문영후·문징후와 함께 제술과에 합격하여 마지막 과거 시험에 바로 응시할 수 있는 기회를 얻었습니다. 그리고 1666년, 65세의 늦은 나이에 과거에 최종 합격했습니다. 전설과 달리 고홍진은 열심히 학업에 매진한 끝에 과거에 합격해 관직에 진출한 것입니다. 전설에서 자신의 얘기가 이렇게 전해지는 것을 알면 좀 억울해할지도 모르겠습니다.

영화 〈명당〉에서는 권세를 누리던 가문이 자신들의 권력을 이어 나가기 위해 비밀리에 왕들의 묫자리에 자신의 조상 묘를 함께 만듭니다. 이미 권력을 누리면서도 더 많은 것을 손에 넣기 위해 최고의 명당인 왕릉까지 노렸던 것이죠. 풍수지리에 기댔던 인간의 탐욕스러운 모습을 잘 보여 주고 있습니다. 실제로 권력을 탐하던 수많은 사대부들이 좋은 묫자리를 찾아다녔을 겁니다. 전설에 많은 풍수사의 이야기가 전해지는 것은 그들을 원하는 수요가 있었을 것이기 때문입니다.

그렇다면 다른 사람의 묫자리를 찾아 주던 고전적이 자신의 조상 묫자리는 어떻게 했을까요? 이와 관련해 고전적의 아버지가 돌아가신 후 묘를 정하는 과정을 보여 주는 전설이 전합니다.

◇◇◇◇◇◇◇◇◇

아버지가 돌아가신 후에 묫자리를 써야 되는데, 고전적의 형은 동생이 유명한 지관이니 좋은 자리를 잡을 것이라고 생각하고 신경을 쓰지 않았고, 동생인 고전적은

형이 있는데 자신이 나서서 하는 것은 예에 어긋난다고
생각해서 신경을 쓰지 않고 있었다. 이러다 보니 한참
동안이나 묘를 쓰지 못하는 상황이 되어 버렸다. 결국
형수가 중재에 나서서 형이 고전적과 못자리를 의논하
고, 둘이 함께 땅을 보러 다니게 되었다. 마침 서귀포 효
돈 쪽에 좋은 땅을 하나 발견했는데 이곳에 묘를 쓰면
과거 급제자가 나올 만했다. 묘를 만들려고 땅을 파는
데 그만 관을 놓을 땅에 구멍이 생겨 버렸다. 다른 사람
같으면 부정이 타서 묘를 쓰지 못하겠다고 할 텐데 좋
은 땅임을 알고 있는 고전적은 얼른 옷으로 구멍을 막
고 그대로 묘를 썼다. 이후 고전적이 과거에 급제하고
전적 벼슬을 하자 고전적은 급제자가 나왔으니 되었다
고 하면서 아버지의 묘를 다른 곳으로 이장해 버렸다고
한다.

◇◇◇◇◇◇◇◇◇

아버지의 묘를 과거 급제자가 날 기운이 있는 곳으로 정
해서 고전적이 벼슬에 오를 수 있었다는 것이지요. 뛰어난
풍수사였던 고전적이라면 더 높은 벼슬자리에 오르기 위

해 좀 더 기운이 좋은 땅을 찾을 수 있지 않았을까요? 하지만 고전적은 욕심을 부리지 않았습니다.

이와 달리 명종 때 유명한 풍수사인 남사고는 자신의 아버지 무덤을 특별히 좋은 곳에 두려고 했습니다. 그래서 전국의 명당을 찾아다니며 아버지의 무덤을 아홉 번이나 옮겼다고 합니다. (어머니 무덤이라고 하는 경우도 있습니다.) 그러나 훌륭한 명당인 줄 알았던 아홉 번째 장소마저도 묘를 쓰고 보니 그리 좋은 곳이 아니었다고 합니다. 영화 〈명당〉에서도 권세가의 묏자리를 봐 주던 풍수사는 천하의 명당이라고 하는 땅에 조상의 묘를 마련했음에도 비극적인 죽음을 맞습니다. 스님이 제 머리를 깎지 못한다는

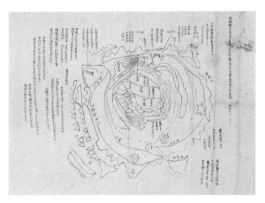

명당도(국립중앙박물관, 출처: e뮤지엄)

속담처럼 풍수사도 자신을 위해서 벌이는 일에서는 그 능력이 제대로 발휘되지 않는 것 같습니다.

흥미로운 점은 풍수사 남사고 또한 여우 구슬 전설과 관련이 있는 인물이라는 것입니다. 제주도의 명의로 알려진 진국태의 어린 시절 이야기와 거의 동일한 전설이 남사고의 어린 시절 일화로 전합니다. 진국태는 훈장이 말한 '하늘을 보고 땅을 보고 사람을 보라'는 말을 지키지 못하고 사람을 먼저 봐서 의술에 뛰어난 능력을 얻었습니다. 남사고는 스승이 알려 준 대로 여우 구슬을 가지고 도망을 치다 넘어지는 바람에 땅을 먼저 보게 되어 지관의 능력을 갖게 되었다고 합니다. 이 이야기는 광해군 때 유명했던 풍수사 이의신의 전설로도 전합니다. 여우 구슬을 가지고도 어떤 행동을 하느냐에 따라 누군가는 명의가 되고, 누군가는 지관이 되었던 것입니다.

제주의 명당들

제주 전설에는 제주도 육대명혈을 알려 주는 이야기가 전합니다. 이 이야기에서는 사람이 살면 좋은 양택혈 여섯 곳과 묏자리로 좋은 음택혈 여섯 곳을 소개하고 있습니다. 양택혈陽宅穴의 첫 번째 구유랑狗乳은 지금의 신제주에 있다고 하고, 두 번째 여호내는 의귀리의 하천에 있다고 합니다. 세 번째 사반蛇蟠은 안덕면 창천리에 있다고 하고, 네 번째 한교漢橋는 한림읍에 있다고 합니다. 다섯 번째는 의귀리에 있는 경주 김씨의 집터이고, 여섯 번째는 어도리의 강씨 집터라고 합니다. 또 음택혈陰宅穴로는 첫 번째 한라산의 사라오름, 두 번째 한라산의 개미목, 세 번째 한라산의 영실, 네 번째 한라산의 돗토멩이狙頭, 다섯 번째는 남원읍 의귀리의 반득, 여섯 번째 애월읍에 있는 반화(별진밭)라고 합니다.

묘를 쓰는 음택혈의 여섯 곳 중에 네 곳이 한라산에 있다고 여긴 것을 보면 예전 제주 사람들은 한라산이 신령한 산이라는 인식이 매우 깊었던 것으로 보입니다. 그래서 제주 사람들은 한라산에 오르기를 꺼려 했다고 하죠. 함부로 산에 올랐다가 신령들이 노할 것을 염려했기 때문입니다. 그런데 한라산 곳곳에는 무덤이 있고, 심지어 전설에서는 성리학의 창시자 주자의 아버지 묘가 중국이 아닌 한라산에 있다고도 합니다. 하지만 주자 아버지의 묘가 제주도에 있을 리가 없습니다. 성리학을 숭상했던 조선시대였기에, 사람들은 주자의 유명세로 한라산의 비범함을 보여주려 했을 것입니다.

지금처럼 잘 닦인 등산로를 이용해 한라산을 등반하는 것도 힘든데, 과거 상여꾼들이 망자의 시신을 장지葬地까지 운구하는 모습을 상상해 보면 정말 조상에 대한 정성 없이는 할 수 없는 일이었죠. 물론 돌아가신 분을 기리는 마음과 더불어 후손들의 발복을 위한 것이기에 그렇게 고된 일을 해낼 수 있었을 겁니다.

재미있는 점은 양택혈과 음택혈 두 가지 모두에 관련된 인물이 있다는 겁니다. 바로 김만일이란 인물입니다. 김만일은 자신이 키운 말을 나라에 바쳐 높은 벼슬을 하사받은 인물입니다. 말을 키우는 데는 일가견이 있던 인물로 한라산 동남쪽 지경에 넓은 개인 목장을 보유하고 있었습니다. 김만일 집안이 발복할 수 있었던 연유에 대한 전설도 전합니다. 김만일의 조상이 제주에 왕이 태어날 기운을 끊으러 온 고종달을 우연히 만나 못자리와 집터를 명당으로 얻게 되었다는 것입니다. 즉, 다섯 번째 양택혈은 김만일 집안의 집터로, 다섯 번째 음택혈은 김만일 조상의 못자리가 되었다는 것입니다. 명당을 두 곳이나 차지했으니 얼마나 큰 복을 받았을까요? 실제로 김만일은 말을 바친 공으로 종일품인 숭정대부 벼슬을 받았다고 합니다. 거기에 그치지 않고 김만일의 후손들은 200년이 넘는 기간 동안 제주도의 산마감목관이란 직책을 세습했습니다. 이러한 권세를 누렸으니 김만일 집안의 풍수는 오랫동안 호사가들의 입에 오르내렸을 겁니다.

더 나아가 제주도에는 왕이 태어날 곳이라는 의미의 '왕후지지'가 있었다고 하는 전설도 있습니다. 그곳은 바로 서귀포 안덕면 해안가에 있는 용머리 해안입니다. 용이 바다로 들어가는 것처럼 보인다는 용머리 해안은 여러 번의 수성화산 활동으로 만들어진 독특한 지형입니다. 앞서 설명한 것처럼 용머리 해안에 온 고종달이 왕의 기운이 서려있는 것을 눈치채고 용의 허리를 끊어 버렸다고 합니다. 이 때문에 제주에 왕이 될 큰 인물이 태어나지 않았다는 것인데, 제주 사람의 입장에서는 참으로 애석한 일입니다.

정말 왕이 태어날 기운이 있는 곳이 존재할까요? 왕의

과거 경덕궁으로 불렸던 경희궁의 흥화문
(국립중앙박물관 소장, 출처: e뮤지엄)

기운을 막기 위해 궁궐을 지었다는 광해군의 일화가 야사
로 전합니다. 광해군은 임진왜란으로 인해 불타 버린 궁궐
을 새로 짓는 데 많은 힘을 썼습니다. 그런데 너무 공을 들
인 나머지 여러 개의 궁궐을 동시다발적으로 지었습니다.
경운궁, 창경궁, 창덕궁에 지금은 사라진 경인궁까지 모
두 그가 왕이었을 때 지어집니다. 『연려실기술』에서는 『하
담록』의 기록이라고 언급하면서 당시 선조의 아들 중 정원
군이 살고 있던 새문동塞門洞 궁에 왕의 기운이 있다는 이
야기가 돌았는데, 광해군이 그 말을 듣고 그곳을 허물고

경덕궁(현재 경희궁)을 지어 왕의 기운을 누르려고 했다고 합니다. 그런데 결국 정원군의 아들인 능양군이 반정을 일으켜 광해군을 쫓아내고 왕이 되었습니다. 정원군 또한 사후에 왕으로 추존되어 원종으로 불리게 됩니다. 결과적으로 새문동 궁에 살았던 정원군이 왕이 되었으니 사람들은 그곳이 왕이 날 자리였다는 것을 믿었을 겁니다. 지금도 광해군은 왕으로 인정받지 못해 광해군의 묘는 왕릉이 되지 못했지만 정원군의 묘는 왕릉으로 인정받고 세계문화유산에까지 등재되었으니 참 아이러니한 일입니다.

제주 전설에는 묘를 쓰면 안 되는 곳에 대한 이야기도 전합니다. 대표적인 곳이 산방산입니다. 산방산에 묘를 쓰면 그 집안은 발복하지만 인근 마을에는 가뭄이 든다는 겁니다. 그래서 가뭄이 들면 마을 사람들은 누군가 산방산에 묘를 쓴 것으로 여겨 묘를 찾아다녔다는 겁니다. 이러한 금장지禁葬地 전설은 개인의 발복보다 공동체를 더욱 중요하게 생각하는 제주 사람들의 세계관이 반영되어 있습니다. 이런 불문율을 통해 공동체의 질서가 유지되었을 겁니다. 왕후지지王后之地였던 용머리 해안과 금장지인 산방산은 바로 이웃해 있습니다. 화산의 열기가 잠들어 있는 곳, 그곳에 뭔가 좋은 기운이 어려 있는 것은 아닐지요.

팔색조 고전적

고전적은 역사에서는 유학자로, 전설에서는 풍수사로 등장합니다. 여기에 더해 제주 신화에도 그의 존재가 언급됩니다. 고전적 본풀이라고 전하는 조상신의 내력담(고전적 아들로 언급된 이야기도 있습니다)에는 고전적과 그의 딸에 대한 이야기가 전개됩니다. 그래서 '고전적 본풀이'라고도 하고, '고전적 따님 본풀이'라고도 합니다. 이 이야기에서는 고전적의 딸이 어떻게 신으로 좌정하게 되었는지를 설명합니다. 그러니 고전적보다는 고전적 딸이 더 중요한 인물로 등장하는 이야기입니다. 이 이야기에서 고전적은 풍수사로서 능력은 보여 주지 않고 무속을 인정하지 않는 유학자로서의 성격이 부각됩니다.

신화와 전설 둘 다 입에서 입으로 전하는 이야기임에도 한쪽에서는 민속신앙을 받아들이지 못하는 유학자로, 또 다른 한쪽에서는 민속신앙의 능력을 보여 주는 풍수사로 등장하는 고전적의 양면성을 어떻게 보아야 할까요.

오늘날 우리는 과학의 시대에 살고 있습니다. 그래서 풍수와 같은 전통 신앙을 미신이라 치부하는 경향이 많습니다. 그러면서도 매년 새해가 되면 한 해의 운세를 점치고, 이사를 할 때 풍수를 따집니다. 고전적에 대한 상반된 시각에서 우리의 양면성을 엿볼 수 있기도 합니다.

고전적이 사리사욕을 위해 명당을 찾아다녔다는 이야기는 전하지 않습니다. 만약 그랬다면 자신의 후대에 더 좋은 행운이 이어지게 할 수도 있었을 겁니다. 하지만 고전적은 특별한 능력을 함부로 사용하지 않았던 것 같습니다. 좋은 터를 알려 주었지만 더 큰 욕심을 버리지 못했던 조카의 이야기에서 보듯이 인간의 끊임없는 욕망이 불러올 액운을 이미 알고 있었기 때문일 것입니다. 그래서 남을 위해서는 자신의 능력을 발휘했지만 자신을 위해서는 욕심 부리지 않았던 것이겠지요.

지금도 사람들은 땅에 대해 관심이 많습니다. 과거의 관심이 땅의 기운으로 복을 바라는 것이었다면 지금은 땅의 경제적 가치가 우선시되고 있습니다. 부동산 투기로 한탕

하려는 사람들은 돈을 부르는 명당을 찾는 데 혈안이 되어 있습니다. 돈이 될 것 같으면 산을 깎고, 숲을 밀어 건물들을 세웁니다. 심지어 온라인으로 가상의 땅을 만들어 매매하기도 합니다. 땅에 대한 욕망이 그 어느 때보다 팽배한 시대입니다. 땅을 지배하려는 인간의 욕망은 분명 자연의 화를 불러오기 마련이지요. 그러니 자연과의 조화를 중요시했던 풍수지리의 의미를 오늘날 더욱 되새겨 볼 것이 아닌가 합니다.

다섯 번째 이야기
날개 달린 장사

다섯 번째 이야기
날개 달린 장사

　남들보다 엄청난 힘을 가진 사람을 장사라고 합니다. 마동석 배우가 출연한 〈황소〉, 〈범죄도시〉 같은 영화를 보면 혼자서 여러 명을 상대하면서도 전혀 밀리지 않고 거뜬히 악당들을 처리합니다. 힘이 센 장사의 특징이라면 남들과 다른 근육질 체격입니다. 영화 속 평범한 연구원이 헐크로 변하면 엄청난 근육질 몸이 되는 것처럼 말입니다. 우리나라 전설에서 많이 나타나는 장사의 상징은 근육이 아니라 날개입니다. 대표적인 이야기가 「아기 장수 우투리」 전설이죠. 날개를 달고 태어나 훗날 장수가 될 인물이었지만 비극적인 죽음을 맞는다는 날개 달린 장수 이야기는 우리나라 전역에 전하고 있습니다. 제주에서도 날개를 달고 태어났다는 사람들의 이야기를 곳곳에서 찾아볼 수 있습니다.

소의 힘을 이어받은 장사

제주 전설 속 장사 중에 자주 회자되는 인물이 오찰방입니다. 오찰방은 조선시대 제주도 대정 지역에 살았다고 합니다. 그는 날 때부터 다른 누구보다 힘이 센 장사여서 마을의 씨름대회에 나가면 항상 우승을 차지했다고 합니다. 그러니 주변에서 힘으로 그를 상대할 수 있는 사람은 없었지요. 오찰방의 힘의 근원은 무엇이었을까요. 전설에서는 그가 그런 힘을 얻을 수 있었던 이유에 대해 이렇게 설명합니다.

◇◇◇◇◇◇◇◇◇◇

오찰방이 남들보다 센 힘을 갖게 된 연유는 아버지의 욕심 때문이었다. 오찰방의 아버지는 아들이 좀 남달랐으면 하는 바람이 있었다. 그러던 어느 날 부인이 임신을 했다는 이야기를 듣고 틀림없이 아들이 태어날 것으로 믿었다. 그는 훌륭한 장사가 태어나길 바라며 자기 아내에게 소 열 마리를 잡아서 먹였다. 그렇게 공을 들여서 이제 힘센 아들을 얻나 보다 했는데 막상 낳고 보니 딸이었다. 오찰방의 아버지는 실망했지만 사람의 힘으로 어쩔 수가 없었다. 얼마 후에 아내가 다시 임신을 했다. 오찰방의 아버지는 이번에도 소를 잡아서 먹였는데, 지난번처럼 혹시 딸일지도 모른다는 생각이 들었다. 그래서 처음보다는 적은 아홉 마리 소를 아내에게 먹였다. 그런데 이번에 태어난 아이는 그렇게 원하던 아들이었다. 이렇게 태어난 아이가 바로 오찰방이었다.

◇◇◇◇◇◇◇◇◇

오찰방의 어머니가 임신했을 때 먹은 소의 수는 일곱 마리에서 열한 마리까지 이야기마다 다르지만 어쨌든 산모가 소를 많이 먹었고, 그렇게 태어난 아이가 남들보다 센 힘을 가지고 있었다는 것은 동일합니다. 끊임없이 밭을 갈고, 무거운 짐을 지고 날랐던 소는 전통적으로 힘의 상징으로 여겨졌습니다. 지금도 씨름대회에서 우승한 장사에

신윤복이 그린 씨름
(국립중앙박물관 소장, 출처: e뮤지엄)

게 황소 트로피를 주는 것을 보면 소는 여전히 '힘'을 상
징합니다. 옛날 사람들은 산모가 먹은 소의 힘이 아이에게
고스란히 이어진다고 생각했던 겁니다.

흥미로운 것은 오찰방이 살았다는 대정과 반대에 위치
한 제주도 동쪽 성산에도 비슷한 이야기가 전합니다. 성산
에 살았다는 현씨 남매의 전설을 보면 산모에게 소를 많이
먹이고 태어난 현씨 남매가 힘이 아주 센 장사였다고 합니
다. 또 제주도 남쪽의 서귀포 홍리에 살았다는 고대각 남

매도 같은 이유로 힘이 장사였다고 하죠. 오씨, 현씨, 고씨로 이름이 다를 뿐 첫 번째로 산모에게 소를 먹이고 태어난 아이가 딸이었고, 두 번째로 산모에게 소를 먹이고 태어난 아이가 아들이었다는 순서까지 동일합니다. 누군가 대정의 이야기를 성산, 홍리로 가져가 퍼트린 것인지, 다른 지역의 이야기가 대정에 들어온 것이지 알 수는 없지만 동일한 방식으로 힘의 근원을 설명하고 있습니다.

사실 산모가 소를 많이 먹는다고 해서 힘이 센 아이가 태어날 가능성은 희박합니다. 소처럼 힘이 센 아이를 얻기를 바랐던 부모의 유감주술類感呪術적 행동일 겁니다. 물고기 눈을 먹으면 눈이 좋아진다는 말처럼 말입니다. 하지만 무한한 가능성이 실현되는 지금이라면 혹시 가능할 수도 있지 않을까요?

영화 〈가타카〉에서는 유전자 조작으로 아이의 능력을 선택할 수 있는 사회의 모습을 보여 줍니다. 태아일 때 좋은 유전자는 남기고 문제가 될 만한 유전자는 미리 제거하는 것이죠. 그러니 이 아이가 어떤 능력을 갖고 있는지는 태어나기 전부터 결정이 됩니다. 사실 유전자를 편집할 수 있는 유전자 가위는 이미 발명되어 있습니다. 실제로 인간의 유전자를 편집해서 유전 질환 치료에 효과를 거두었다는 연구 사례가 발표되기도 했습니다. 심지어 아직 태어나지 않은 인간 배아 상태에서 유전자를 편집해 유전 질환을 일으키는 돌연변이를 교정했다는 사례도 있습니다. 이렇게 유전자를 조작해 태어난 아이를 '디자이너 베이비', '맞춤아이'라고 합니다. 아직까지는 각 나라에서 연구 목적에 한해서만 유전자 편집을 허용하고 있지만, 그 경계가 언제 무너질지 알 수 없는 일입니다. 정말로 영화에서처럼 아이들의 능력을 선택하는 시대가 도래할지도 모르겠습니다.

날개를 잃다

오찰방이 힘이 센 이유를 다르게 설명하는 이야기도 있습니다. 오찰방이 날개를 달고 태어났다는 것입니다. 전설 속에서 날개를 달고 태어난 인물들은 권력자들의 주목을 받았습니다. 훗날 성년이 되면 이들의 능력이 발현되어 자신들의 자리를 위협할 거라 생각했으니까요. 나라에서는 이를 미연에 방지하기 위해 날개 달린 아이들을 찾아 그 싹을 없애려 했습니다. 날개 달린 아이가 태어나면 집안에서도 화근이라 여겼습니다. 온 집안이 역모에 휘말릴 수 있었기 때문이었죠. 그래서 날개를 달고 태어난 아이들은 어쩔 수 없이 부모의 손에 비극적 죽음을 맞기도 했습니다. 오찰방의 날개는 어떻게 되었을까요.

◇◇◇◇◇◇◇◇◇

오찰방은 힘이 아주 세서 동네에서 당해낼 자가 없었다. 오찰방은 무서운 것이 없었다. 그러다 보니 버릇없는 말썽꾸러기로 자랐고 여기저기에서 사고를 치고 다녔다. 아버지가 오찰방을 꾸짖으려고 하니, 오찰방은 화를 내는 아버지를 피해 도망가다 마을 오름 정상에 있는 칼바위까지 갔다. 아버지는 더 이상 도망갈 곳이 없으니 잡았구나 하고 가까이 다가갔다. 그런데 오찰방이 갑자기 바위에서 절벽으로 뛰어내렸다.

아버지는 깜짝 놀라서 아들이 죽었구나 하고 힘없이 집으로 돌아왔는데 오찰방이 멀쩡히 집에 먼저 돌아와 있었다. 아버지는 아들이 목숨을 건져서 다행이긴 한데 분명히 절벽이었는데 어떻게 다치지도 않았을까 하고 의구심이 들었다. 그래서 오찰방의 아내를 불러다가 혹시 남편이 잘 때 뭔가 특이한 것이 없냐고 물었더니 명주로 겨드랑이를 감싸 매고 잔다고 하는 것이었다. 하루는 아버지가 오찰방에게 독한 술을 실컷 마시게 해서 잠에 골아떨어지게 했다. 그리고 잠든 틈에 옷을 벗겨 보았더니 겨드랑이에 날개가 돋아 있는 것이었다. 당시에는 겨드랑이에 날개가 나면 역모를 일으킬 인물이라며 처형시켜 버렸다. 아버지는 겁이 덜컥 나서 오찰방의 날개를 태워 버렸고, 날개를 잃은 오찰방이 크게 슬퍼했다고 한다.

◇◇◇◇◇◇◇◇◇

전설 속 장사에게 빠질 수 없는 요소인 날개를 갖고 태어났다는 점, 부모에게 들켜 날개를 잃게 되는 점 등이 나타나는 것을 보면 이 이야기는 날개 달린 장수 전설의 요소를 그대로 따르고 있습니다. 산모가 소를 많이 먹고 아이가 태어난 것도 특별한데, 거기다 날개까지 있었다고 한다면 오찰방은 힘이 셀 수밖에 없는 운명을 타고난 것 같습니다. 그렇다면 날개를 잃은 오찰방은 아기 장수 우투리처럼 비극적인 죽음을 맞이했을까요? 그렇지 않았습니다.

오찰방은 날개를 잃었지만 공동체에서 배제되지 않고 함께 살아갑니다.

도적을 잡고 벼슬을 받다

날개를 잃었지만 오찰방은 남들보다 센 힘을 자랑했습니다. 온 마을의 씨름판을 휩쓸고 다녔지요. 이 정도의 힘이라면 전국에서도 통할 수 있을 거라고 여겼겠지요. 오찰방이 자신의 힘을 시험해 보기 위해 서울로 떠난 이야기가 전설에서 이어집니다.

◇◇◇◇◇◇◇◇◇

오찰방이 벼슬을 해야겠다고 마음을 먹고 서울로 과거를 보러 올라갔다. 그때 마침 호조판서의 집에 도둑이 들어서 호적궤를 훔쳐 가는 사건이 발생했는데, 좀체 도둑을 잡지 못하고 있었다. 그래서 도둑을 잡은 이에게는 돈과 벼슬을 준다고 했다. 오찰방은 자신의 힘을 보여 주려고 도둑을 찾아나섰다. 드디어 도둑을 만나게 되었는데 이 도둑도 만만치 않게 힘이 셌다. 도둑은 소를 타고 다녔는데 소의 양쪽 뿔을 칼로 갈아 놓고 손에도 칼을 들고 공격하니 상대하기가 쉽지 않았다. 오찰방도 빠른 말을 빌려 타고 몇 번이고 덤벼들었다. 그렇게 한참을 싸웠는데도 승부가 나지 않았다. 도둑이 생각하기를 지금까지 자신을 잡으러 온 사람들은 금세 제압했는데 예전과는 다르게 오찰방이 오래 버티니까 뭔가 심상치 않다고 여겨 천기를 살펴보았더니 자신이 제주에 사는 오 아무개에게 죽을 운명이라고 나왔다. 도둑은 오찰방에게 제주에서 온 장수냐고 물었다. 오찰방이 그렇다고 답했다. 그때부터 도둑은 자기가 이 사람에게 죽을 거라는 생각에 기가 죽었다. 그래서 오찰방이 치열한 싸움 끝에 도둑을 이길 수 있었다는 것이다.

◇◇◇◇◇◇◇◇◇

오찰방은 누구도 잡지 못하는 도둑을 잡아냄으로써 자신의 능력을 증명합니다. 나라에서 돈과 벼슬을 약속했으니 이제 오찰방은 벼슬에 나아가 출세할 기대에 부풀었을 겁니다. 하지만 이야기에 반전이 빠질 수 없습니다. 상을 받을 것을 기다리고 있던 오찰방은 오히려 옥에 갇히고 맙니다. 조정에서는 아무도 잡을 수 없었던 도둑을 잡아 온 오찰방의 힘에 두려움을 느낀 것이었지요. 오찰방을 가만 두었다가는 훗날 왕을 위협하는 역적이 될지도 모른다는 이유에서였습니다. 믿는 도끼에 발등을 찍힌 격이지요. 옥에 갇힌 오찰방은 억울함을 토로했습니다. 다행히 임금의 귀에 오찰방의 억울한 이야기가 전해져 풀려날 수 있었고, 오찰방이 힘도 좋고 칼 솜씨도 있으니 찰방 벼슬을 내렸다고 합니다. 그래서 오씨 성에 벼슬 이름이 붙어 전설에서는 오찰방이라는 이름으로 등장하는 것입니다.

또 다른 전설에서는 오찰방이 옥에 갇힌 이유를 다르게 설명하기도 합니다. 오찰방이 도적을 퇴치하고 궁에 들어갈 때 말을 타고 들어가려고 했다는 겁니다. 그러자 궁궐의 수문장이 제주에서 왔다는 소리를 듣고는 말에서 내려서 들어가라고 했다는 것이죠. 오찰방은 수문장이 하라는 대로 말에서 내려 임금 앞에 나섰는데, 이 순간이 오찰방의 운명을 가르는 기로였습니다. 만약 그대로 말을 타고 임금 앞까지 갔으면 그 기세를 인정받아 장군 벼슬을 받았을 것인데 말에서 내려 들어갔기 때문에 찰방 벼슬만 받았다는 것입니다. 임금의 눈에 말에서 내린 행동이 장군이 되기에는 담이 작아 보여서 그랬다고도 하고, 제주도 출신이었기 때문에 높은 벼슬을 내리지 않았다고도 합니다. 아무리 그래도 나라에서 손쓸 수 없는 문제를 해결해 주었는데 뭔가 제대로 된 보상을 받지 못한 느낌이 듭니다. 특히 제주에서 왔기 때문에 낮은 벼슬을 주었을 것이라는 결말은 뒷맛이 씁쓸합니다.

전설 속 오찰방은 오영관이라는 인물을 모델로 삼았다고 합니다. 그는 경종 때 무과에 급제하여 찰방 벼슬을 지냈습니다. 전설에서처럼 도적을 물리쳐 벼슬을 받은 것이 아니라 과거를 통해 관직에 진출한 것입니다. 『화순오씨세보』에도 오찰방에 대한 얘기가 전하는데 그가 관직에 있을 때 왕의 명을 받아 도적을 무찔렀다고도 합니다. 『경종실록』에는 당시 호조판서가 왕에게 보고한 내용 중에 "도적이 나라 안에 두루 가득 차 곳곳에서 말을 타고 포砲를 쏘며 대낮에 사람을 죽이는 변고까지 있"었다는 기록이 있습니다. 도적이 출몰한 기록은 영조 때까지도 이어집니다. 이 시기에 곳곳에서 들끓는 도적들은 나라의 골칫거리였을 겁니다. 그 와중에 도적을 잡은 이야기들이 여기저기서 영웅담처럼 회자되었겠지요.

광해군 때 제주에 김만일이라는 인물이 개인 목장을 크게 운영하면서 좋은 말들을 나라에 바쳤습니다. 광해군은 그 공로에 대한 포상으로 정이품인 오위도총부 도총관 벼슬을 내립니다. 이 벼슬은 실직이었기 때문에 김만일은 근무지인 서울로 올라갔지요. 그런데 사헌부와 사간원에서 김만일이 섬에 사는 미천한 인물이고, 일개 말 장사꾼에 불과하다는 이유로 그에게 내려진 관직을 거두어 줄 것을 요청합니다. 결국 김만일은 수개월 만에 사직하고 제주로 내려오고 맙니다.

이렇게 출신에 따른 차별이 뿌리 깊은 시대였으니 오찰방이 아무리 높은 공을 세웠어도 중앙 권력의 배경이 없는 그에게 낮은 벼슬을 내린 것은 정해진 수순이었는지 모릅니다. 뛰어난 능력을 갖고 있더라도 변방에서 태어났다는 이유로 뜻을 마음껏 펼치지 못했던 사람들의 한계를 오찰방의 이야기에서 확인할 수 있습니다.

오찰방이 과거를 보러 간 이야기에서는 이런 한계를 극복하려는 시선도 엿보입니다. 오찰방은 과거 시험 감독관인 상시관에게 인사를 하다가 방귀를 뀌고 말았는데, 순간 기지를 발휘해 누가 방귀를 뀌었느냐며 선수를 쳐서 위기를 넘깁니다. 그 기개 덕분에 혼자서 과거에 합격할 수 있었다는 것입니다. 오찰방만 과거에 합격하자 이를 시기한 선비들이 오찰방에게 복수하려고 씨름 대결을 제안합니다. 오찰방은 꾀를 내어 여러 명이 겨우 들 수 있는 무거운 닻줄로 힘자랑을 했고, 이때 선비들이 놀라 도망을 갔다는 겁니다.

오찰방은 자신이 다른 어느 누구보다 대담한 기백과 지혜, 강한 힘을 가졌음을 보여 주면서 변방의 인물도 뛰어날 수 있다는 것을 증명하려 했을 겁니다. 오찰방의 이야기는 개성에 대한 사회적 차별, 중앙과 지역의 차별 문제로 해석할 수 있습니다. 이런 편견과 차별은 지금도 여전합니다. 개인의 개성을 존중하기보다 동일한 방식을 강요하는 삶, 더욱 심화되고 있는 중앙과 지역의 편견에서 우리 사회는 여전히 벗어나지 못하고 있기도 합니다. 지금도 대학 출신에 따라 취업에 차별을 두는 기업의 이야기가 종종 뉴스에 보도됩니다. 시대가 바뀌어도 새로운 차별의 기준들이 생겨나고 있는 것이 안타까울 뿐입니다.

오찰방의 힘을 뛰어넘는 정운디

오찰방이 살았던 대정에서 얼마 떨어지지 않은 곳에 검은질이라는 마을이 있었습니다. 검은질은 지금의 사계리 지역을 부르는 말이었다고 합니다. 이 마을에 정운디라고도 하고, 정훈두라고도 하는 장사가 살았습니다. 정운디는 몸집이 크고 힘이 아주 세기로 유명했다고 합니다. 그러면 정운디의 힘은 어느 정도였을까요.

◇◇◇◇◇◇◇◇◇

정운디는 이씨 집안의 종이었다. 천한 신분으로 태어나 남의 집 종살이를 하다 보니 마음껏 먹을 형편이 되지 않아 늘 배고픔에 시달려야 했다. 그래도 힘이 좋아 장정 열 명이 할 일 정도는 거뜬히 혼자서 해치울 정도였다. 어느 날 마을에서 큰 연못을 파고 거기다 큰 돌을 옮겨다 놓으려고 했다. 하지만 옮겨 놓을 돌이 너무 무거워서 장정 스무 명이 달라붙어도 들지 못하고 있었다. 그때 정운디가 옆에서 보고 있다가 자기가 할 테니 모두 비키라고 하면서 무거운 돌을 혼자서 번쩍 들어서 옮겨 버렸다는 것이다.

◇◇◇◇◇◇◇◇

정운디는 장정 여럿이 할 일을 단숨에 해내는 힘을 가지고 있었다고 합니다. 또 다른 전설에서는 어부들이 정운디를 무시하며 물고기를 팔아 주지 않자 하룻밤 새에 배들을 육지로 올려 버렸다고도 합니다. 무거운 배를 혼자서 옮길 정도로 만만치 않은 힘을 가지고 있었던 것이죠. 대정과 사계에 힘이 센 두 장사가 있었으니 누구 힘이 더 센지에 대해 호사가들은 입방아를 찧었을 것입니다. 슈퍼맨과 배트맨이 싸우면 누가 이길 것인가로 다투는 것처럼 말이죠. 그래서 두 장사가 하나의 이야기에 등장하는 전설도 전합니다. 오찰방이 주인공으로 등장하는 이야기에서는 근방에 오찰방을 당해낼 사람이 없어서 매번 씨름에서 이겼다고 했지만, 정운디가 주인공인 이야기에서는 오찰방이 정운디를 당해내지 못했다고 합니다. 오찰방과 정운디가 자주 씨름 대결을 했는데 정운디가 계속 이겼다는 겁니다.

오찰방 입장에서 보면 자신도 남부럽지 않을 만큼 힘이

센데 정운디를 한 번도 이겨 보지 못하는 것에 무척이나 자존심이 상했을 겁니다. 더구나 오찰방은 마을에서 부잣집 자식이었고, 정운디는 남의 집 종살이를 하는 천한 신분이었는데 계속 패배하니 체면이 말이 아니었겠죠. 그래서 한 번이라도 정운디를 이기려고 벼르고 있었을 겁니다. 오찰방의 간절한 마음을 보여 주는 이야기가 전합니다.

◇◇◇◇◇◇◇◇

어느 날 오찰방이 밭에 나갔다가 무거운 나뭇짐을 진 채 길가에 쪼그려 앉아 볼일을 보고 있는 정운디를 발견했다. 정운디는 주인이 집 지을 나무를 잘라 오라고 해서 등에 지고 있었는데, 짐을 내리면 나무가 흩어질까 봐 그대로 메고 있었다. 오찰방은 정운디 뒤에서 몰래 누르면 정운디가 곧장 넘어지겠구나 생각하고 골탕을 먹이려고 했다. 그래서 살금살금 다가가 뒤에서 힘을 다해 정운디가 지고 있던 짐을 눌러 버렸다. 그런데 정운디는 꼼짝하지 않았다. 볼일을 다 보고 나서 정운디가 일어서니 오히려 그 기세에 오찰방이 뒤로 넘어지고 말았다.

◇◇◇◇◇◇◇◇

힘이 센 장사가 몰래 접근해서 상대방을 제압하려는 것은 매우 자존심 상하는 일이었을 겁니다. 그런데도 오찰방은 그 유혹을 이기지 못합니다. 그렇게라도 이겨 보고 싶었던 것이죠. 동시대에 비슷한 능력을 갖고 태어나 라이벌로 불리는 이들이 있습니다. 하지만 보통 천재로 불리는 일인자 때문에 이인자는 늘 패배의 쓴잔을 마십니다. 때문에 이인자는 더욱 승리에 집착하게 됩니다. 영화 〈아마데우스〉에서 촉망받는 음악가인 살리에리는 천재 모차르트가 등장하자 그의 실력을 질투합니다. 그의 이름을 딴 '살리에리 증후군'이란 용어가 지금까지도 이인자들의 질투심을 가리키는 말로 사용되고 있을 정도지요. 실제로는 그렇게까지 싫어하는 관계는 아니었다고 하지만 말입니다. 오찰방 역시 영화 속 살리에리와 같은 심정이 아니었을까요.

만화 〈공포의 외인구단〉에서도 천재 야구 선수 오혜성과 그의 실력을 질투하는 마동탁이 라이벌로 등장합니다. 오혜성에게 매번 패배하던 마동탁은 승리를 위해 자신의 아내인 엄지를 사랑하는 오혜성의 마음을 이용하기까지 하죠. 엄지는 오혜성에게 한 번만 마동탁에게 져 달라는 부탁을 하고, 오혜성은 자신의 눈을 잃어 가면서까지 그녀의 부탁을 들어줍니다. 마동탁은 그렇게 한 번이라도 오혜성을 이겨 보려 했던 것입니다.

오찰방도 딱 한 번 정운디에게 이겼다는 이야기가 있습니다. 계속해서 정운디에게 지기만 하니 오찰방은 패배감에 빠질 수밖에 없었습니다. 집에서 한숨만 쉬고 있는 걸 본 오찰방의 아버지는 오찰방이 산모 배 속에 있을 때 소를 서른 마리라도 잡아 먹일걸, 하고 후회를 했습니다. 오찰방의 아버지는 아들의 한을 풀어 줘야겠다고 생각하고 몰래 정운디를 만났습니다. 정운디에게 쌀 몇 가마니를 건네면서 우리 아들 소원이 당신을 한 번 이겨 보는 것이니 이걸 받고 제발 한 번만 져 달라고 부탁한 것입니다. 정운디는 힘이 센 만큼 먹성도 좋았는데, 종의 신분으로 제대로 먹지 못하는 상황이었으니 나쁘지 않은 조건이었습니다. 그래서 받은 쌀로 배불리 먹고는 씨름판에서 오찰방한테 져 주었다고 합니다. 그러니 그때 한 번 오찰방이 정운디를 이기게 되었다는 것입니다.

오찰방은 이 승리에 만족했을까요? 마동탁은 단 한 번의 승리를 위해 그런 행동을 한 자신에게 결국 부끄러움을 느낍니다. 오찰방의 심정도 다르지 않았을 것입니다. 정정

당당한 패배는 받아들일 수 있지만, 비겁한 승리는 받아들일 수 없는 것이 스포츠의 세계이니 말입니다. 아버지의 입장에서는 자식의 마음을 풀어 주고 싶었을 테지만, 만약 오찰방이 진실을 알았다면 더욱 좌절했을 겁니다. 아무리 승리에 대한 욕망이 강했더라도 그런 승리는 자존심이 허락지 않는 일일 테니 말입니다.

개성과 날개

영화 〈엑스맨: 최후의 전쟁〉에는 엔젤이라는 돌연변이가 등장합니다. 그의 등에서 날개가 솟아나는 것을 알게 된 아버지는 돌연변이의 능력을 무력화하는 힘을 가진 지미의 피를 이용해 '큐어'라는 약을 만들어냅니다. 이 약은 돌연변이의 특이한 능력을 없애 평범한 인간으로 만드는 효과를 가지고 있었습니다. 드디어 약이 완성되어 엔젤에게 투약하려는 순간, 그는 약을 거부하고 묶고 있던 날개를 활짝 펴 창문 밖으로 훨훨 날아갑니다. 아버지는 아들의 날개를 없애 버려야 할 대상으로 보았지만 엔젤은 날개 역시 온전한 자신의 정체성임을 받아들였던 것입니다.

과거엔 개인의 개성보다 사회의 안정을 선택하는 경향이 있었습니다. 사회에 위협이 되는 개성은 차라리 없애 버리는 것을 선택했죠. 그러나 오늘날은 다릅니다. 남들과 다른 개성이 존중받는 시대, 그리고 그 개성의 발현이 사회를 더욱 다채롭게 만들어 가는 시대에 살고 있습니다. 엔젤이 날개를 펼쳐 하늘을 마음껏 날아가는 장면은 날개 달린 장사들이 스스로 운명을 선택할 수 있는 세상을 보여 주는 듯했습니다. 이 장면을 보면서 우리나라의 학교 시스템을 다시 생각해 봤습니다. 어쩌면 학교라는 울타리에 아이들을 몰아넣고 똑같은 지식을 주입하는 것 또한 아이들의 개성의 날개를 서서히 없애 버리는 것은 아닐까요.

여섯 번째 이야기
배고픈 장사들

여섯 번째 이야기
배고픈 장사들

웹툰 〈무빙〉은 우리 주변에 평범한 모습을 하고 살아가는 특별한 능력자들의 이야기를 다룹니다. 그중 이재만이란 캐릭터는 겉으로는 지적장애를 가지고 있어 말투가 어눌하고, 슈퍼마켓을 운영하는 펑범한 모습이지만 수십 명의 사람을 물리칠 정도로 엄청난 힘의 소유자로 등장합니다. 이처럼 평범한 사람인 줄 알았는데 알고 보니 엄청난 힘을 갖고 있었다는 이야기는 요즘 스낵컬처에서 자주 볼 수 있습니다. 제주 전설에서도 이런 장사들의 이야기를 찾아볼 수 있습니다. 수십 명이 할 일을 혼자서 해낼 수 있는 힘을 갖고 있으면서도 신분의 한계 때문에 먹고사는 것조차 힘들었던 이들의 이야기입니다.

일 잘하는 노비

막산이는 과거 대정현에 살았다고 전하는 인물입니다. 전설 속 막산이는 앞서 소개한 오찰방보다 더 힘이 셌다고 합니다. 오찰방이 성인 열 명의 힘을 가지고 있는 것으로 표현되었다면, 막산이는 오십 명, 백 명이 할 일을 혼자서 해치울 정도의 힘을 가지고 있었다 하니 어마어마한 힘의 소유자였던 것 같습니다. 막산이와 관련한 에피소드들은 여러 전설에서 부분적으로 전합니다. 그 이야기들을 모아 보면 막산이의 일생을 들여다볼 수 있습니다. 막산이 전설은 성인이 된 이후의 이야기가 대부분이지만 어린 시절을 다룬 이야기도 있습니다.

◇◇◇◇◇◇◇◇◇◇

예래마을에 한 어른이 살고 있었다. 어느 날 볼일이 있어 밖에 나갔다가 길에서 추위에 떨고 있는 어린아이

를 만났다. 어른은 아이가 불쌍해서 자기 집으로 데려
갔다. 아이에게 먹을 것을 주고, 따뜻한 방에서 쉴 수 있
도록 해 주었다. 그런데 이 아이가 집을 떠나려고 하지
않는 것이었다. 그래서 할 수 없이 집에 두면서 심부름
을 시키기로 했다. 마음씨 좋은 어른의 도움 덕분에 오
갈 데 없던 어린아이는 머물 곳을 구할 수 있게 되었다.
어른은 아이에게 소와 말을 몰고 오는 심부름을 시켰는
데 곧잘 했다. 그런데 이 아이는 먹성이 좋았다. 보통 사
람이 밥 한 사발을 먹을 때 두세 사발을 먹어 치웠다. 문
제는 이 어른의 집안 형편이 그렇게 넉넉하지 못했다. 아
이가 몇 사람 분의 음식을 먹어대니 감당하기가 점점 힘
들어졌다. 어른은 더 이상 아이를 자기 집에 두었다가
는 큰일 나겠다고 생각했다. 이 어른에게는 창천에 잘사
는 형님이 있었다. 형님한테 자초지종을 이야기하고 아
이를 맡아 달라고 부탁했다. 형님이 아이 이름을 물어보
니 이름도 없다고 하고, 나이도 모른다고 하고, 어디서
왔는지도 모른다고 했다. 아무런 정보가 없으니 부모를
찾아 주기도 어려워 형님이 맡아 주기로 했다. 이렇게 해
서 아이는 창천으로 옮겨 살게 되었고, 이 아이가 바로

막산이라는 것이다.

◇◇◇◇◇◇◇◇◇

이 이야기를 보면 막산이는 고아나 다름없었습니다. 이름도, 나이도 모른다는 것을 보니 오래전 부모와 헤어졌으리라 추측할 뿐이죠. 다행히 마음씨 좋은 사람을 만나 거처를 마련할 수 있었습니다. 막산이를 집에 두고 심부름을 시켰다는 것을 보면 막산이는 생계를 위해 노비가 되었던 것으로 보입니다. 조선시대 개인에게 매여 있던 노비들은 주인의 재산이나 다름없었습니다. 노비는 신분이 세습될 뿐만 아니라 다른 이에게 팔리기도 하고, 자식들에게

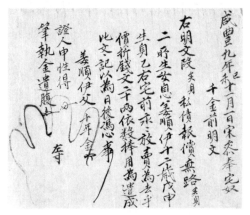

노비 매매 명문(국립중앙박물관 소장, 출처: e뮤지엄)

상속되기도 했습니다. 제주에서도 육지에서 노비를 사 오는 경우도 있었고, 제주도 내에서 매매가 이루어지기도 했습니다. 과거 제주의 노비 매매 문서를 보면 노비를 사 오면서 무명이나 말과 소, 곡식 등을 지불했다는 내용을 확인할 수 있습니다. 한번 노비가 되면 노비 신분에서 벗어나기 힘들었습니다. 하지만 막산이 입장에서는 그것이 살아남기 위한 최선의 방법이었을 겁니다.

또 다른 전설에서는 막산이가 처음 살던 곳이 중문에 있던 이좌수 집이었다고도 합니다. 두 이야기에 언급된 마을이 중문과 예래로 다르지만 사실 두 마을은 바로 이웃하고 있습니다. 그러니 두 마을 어디쯤에 막산이라는 인물이 살았던 것으로 보입니다. 이좌수 집에 사는 막산이 이야기에서는 막산이의 엄청난 힘을 잘 보여 주는 일화가 소개됩니다. 어느 해 가을날 갑자기 내린 비에 이좌수의 밭에 베어 놓은 조가 몽땅 젖게 될 상황이 됐는데, 막산이가 혼자서 많은 조를 모두 집으로 옮겨 비를 맞지 않게 했다고 합니다. 밭에 있는 조를 한꺼번에 집으로 옮기려면 일손이 여럿 필요한데 갑자기 비가 내린 상황에서 일꾼을 바로 구하기 어려웠을 겁니다. 그러니 짧은 시간 안에 조를 모두 집으로 옮길 수 있을 리가 만무했습니다. 그래서 이좌수도 막산이의 말을 믿지 못했습니다. 하지만 확인해 보니 막산이의 말대로 마당에 조가 쌓여 있었지요.

막산이는 어떻게 많은 조를 그렇게 빨리 집으로 옮길 수 있었을까요? 궁금증은 금방 풀렸습니다. 이좌수 집 밖에 팽나무가 한 그루 있었는데 그 나뭇가지 사이사이에 조가 열매처럼 매달려 있는 것입니다. 그 나무는 이좌수의 밭과 집 사이에 있었는데, 막산이가 밭에서 조를 묶어서 바로 집으로 던졌고, 그 일부가 나무에 걸린 것이었지요. 창 던지기 세계 기록이 98미터라고 하는데 그보다 더 멀리 던지지 않았을까요. 조를 들고 날랐을 것이라는 고정관념을 깨는 막산이의 행동이었습니다. 막산이는 그만큼 힘이 셌고, 또 힘이 센 만큼 남들보다 일을 몇 배나 잘해내었던 것입니다.

감당할 수 없는 먹성

농사 중심의 사회에서는 노동력이 무엇보다 중요했습니

다. 그러니 막산이처럼 힘도 좋고 일 잘하는 노비가 있으면 주인 입장에서는 놓치고 싶지 않았을 것입니다. 다른 사람이 비싼 값에 노비를 팔라고 해도 손사래를 쳤을 테지요. 그런데 막산이는 주인집에서 환영받지 못했습니다. 그 이유는 바로 막산이의 엄청난 먹성 때문이었습니다.

◇◇◇◇◇◇◇◇

막산이는 힘이 센 만큼 많이 먹었는데, 늘 배가 고팠다. 막산이는 허기를 참지 못하고 밤만 되면 다른 사람의 집에 들어가서 먹을 것을 훔쳐 먹었다. 이좌수 입장에서는 자기 집 하인이 다른 사람들에게 계속 피해를 주고 있으니 골치가 아팠다. 사람들은 그때마다 주인인 이좌수에게 따졌지만 이좌수도 막산이의 버릇을 고치지 못했다. 그러던 중에 이좌수 집의 제삿날이 되었다. 이좌수는 오늘만이라도 막산이가 나가지 못하게 감시해야겠다고 마음을 먹었다. 이좌수는 제사를 모시는 동안 막산이가 나갈 생각을 못 하도록 시도 때도 없이 막산이를 불러댔다. 그때마다 막산이는 한 번도 빠지지 않고 대답을 했다. 시간은 흘러서 이제 마지막에 제를 올릴 시간이 되자 이좌수는 부르는 것을 잠시 멈추고 제를 올렸다. 그러고는 끝나자마자 막산이를 불렀는데 막산이가 역시 또 대답하는 것이었다.

그래서 이좌수는 오늘 밤은 막산이가 다른 곳에 가지 않았구나 하고 안심했다. 그런데 다음 날이 되니 어느 집에서 막산이가 간밤 자신의 집에 와서 먹을 것을 훔쳐 갔다고 하며 찾아왔다. 이좌수는 자신이 막산이를 나가지 못하게 했으니 그럴 리 없다고 생각해서 막산이를 불러서 확인해 보니 마지막에 제를 올리는 그 사이에 배가 고파서 다른 집에 다녀왔노라고 이실직고를 하는 것이었다. 결국 이좌수는 막산이를 더 이상 데리고 있을 수 없다고 생각하고 집에서 내보내고 말았다는 것이다.

◇◇◇◇◇◇◇◇◇

다른 사람보다 일을 많이 하더라도 노비 한 명에게 주어지는 음식은 비슷했을 겁니다. 일을 많이 한다고 더 많은 음식을 주지는 않았겠죠. 그러니 다른 사람보다 훨씬 많이 먹는 막산이는 늘상 배가 고플 수밖에 없었습니다. 허기를 견디지 못한 막산이의 선택은 다른 집의 음식을 훔쳐서라도 배를 채우는 것이었습니다. 주인인 이좌수도 막산이의 버릇을 고칠 수가 없었지요. 앞서 소개한 예래마을의 주인도 막산이의 먹성을 감당하지 못했습니다. 막산이의 먹성 때문에 집안 형편이 휘청댈 정도였다고 하니 누가 되었더라도 막산이를 내보내는 선택을 할 수밖에 없었을 것입니다. 막산이가 아무리 많이 먹는다고 해도 그 정도였을까 하는 생각이 들기도 하지만 요즘 먹방 유튜버들이 먹는 어마어마한 양을 보면 충분히 가능한 이야기입니다.

그렇게 해서 막산이는 처음 머물던 집에서 쫓겨나 다른 집에 옮겨 살게 되었습니다. 막산이가 옮긴 곳이 창천의 강별장의 집이라고 언급되는 전설이 있습니다. 예래마을에서 살던 막산이를 창천의 잘사는 형님 집으로 보냈다고 하는 이야기도 전하는 것을 보면 막산이의 다음 거처는 창천이었던 것으로 보입니다. 부잣집으로 옮겨 간 막산이는 이제 배불리 음식을 먹으며 행복하게 지낼 수 있었을까요.

우선 막산이는 그곳에서도 여전히 자신의 능력을 한껏 발휘합니다. 강별장이 내를 막아서 밭을 논으로 만들려고 하자 막산이는 50명이 할 일을 혼자서 다 해 버립니다. 대신에 주인에게는 사람을 구했다고 거짓말을 하고 준비된

점심 50인분을 혼자서 꿀꺽해 버립니다. 50명 분에 달하는 점심을 혼자 먹고 싶어서 주인을 속인 것이었습니다. 그 정도는 혼자 힘으로도 할 수 있다는 자신감에 벌인 일이었을 겁니다.

하지만 아무리 부자라도 막산이의 먹성을 감당하지 못했습니다. 잘산다는 형님은 막산이에게 노비 문서를 내주면서 가고 싶은 곳으로 가라고 했고, 결국 막산이는 먹성 때문에 두 번이나 쫓겨나는 신세가 됩니다.

막산이는 장사 전설에 흔히 나타나는 날개를 달고 태어나지는 않았습니다. 그렇지만 날개 달린 장사들 못지않은 힘을 보여 줍니다. 막산이뿐만 아니라 제주 전설에 등장하는 다른 장사들 중에는 먹성이 강조되는 경우가 많습니다. 고성리(애월)의 최동이, 의귀리의 먹쟁이와 논하니, 선흘리의 안씨, 명월리의 조망이, 용담동의 정서방 등이 모두 소 한 마리쯤은 우습게 먹었다는 이들입니다. 힘이 세다는 것과 먹성이 좋은 것에 어떤 관계가 있을까요.

김녕리에서 모셨던 신 중에 궤네깃또라는 신이 있습니다. 궤네깃또는 아버지 소천국에게 버릇없게 굴었다는 이유로 석함에 담겨 바다에 띄워집니다. 그렇게 도착한 용궁

궤네깃또 신을 모셨던 궤네기굴

에서 궤네깃또는 용왕의 셋째 딸과 인연이 되어 혼인을 하고 용궁에서 머물게 됩니다. 그런데 궤네깃또의 식성이 얼마나 좋은지 용궁이 거덜 날 지경이었습니다. 결국 용왕은 궤네깃또와 자신의 딸을 용궁에서 내보냅니다. 이후 궤네깃또는 우여곡절 끝에 제주도로 돌아와 김녕리에 좌정하여 마을의 신이 됩니다. 이렇게 먹성이 좋은 신의 이야기가 전하는 것을 보면 제주 사람들은 먹성이 좋다는 것을 특별하게 여긴 것이 아닐까 합니다. 그래서 힘이 좋은 장사라면 당연히 먹성도 좋을 것이라 여겼을지도 모릅니다.

도적이 된 막산이, 막산이를 잡은 정운디

　부잣집에서도 먹여 살리기 힘들어서 막산이를 내보냈으니 다른 집에서는 더더구나 감당을 할 수 없었을 겁니다. 갈 곳이 없어진 막산이는 결국 제주목과 대정현 사이에 있는 숲으로 들어갔습니다. 그곳에는 도적들이 모여 살고 있었죠. 지나가는 사람들의 소나 말을 빼앗아서 먹고사는 도적들이었습니다. 막산이는 그 도적들을 힘으로 가볍게 제압합니다. 도적들도 힘깨나 썼겠지만 막산이에게는 당할 수 없었고, 결국 막산이는 도적 떼에 합류해서 우두머리로 지내게 되었다는 겁니다.

　『세종실록』에는 제주의 숲속 깊숙이 숨어 살면서 말과 소를 훔쳐 가는 도적들로 인해 피해가 극심하다는 기록이 남아 있습니다. 고득종이 왕에게 올린 상소를 보면, 제주 사람들의 이야기를 들어 보건대 제주의 숲속에는 굴이 많이 있는데 여기에 도둑들이 숨어 살면서 말과 소를 훔쳐 가는 일이 빈번하다는 겁니다. 하지만 그중에는 원래부터 나쁜 사람들이 아니라 계속되는 흉년에 생계가 어려워져 도적이 되는 경우가 많다는 것이었습니다.

막산이가 그런 경우였을 겁니다. 원래부터 도적은 아니었는데 먹고살려고 어쩔 수 없이 도적이 되었던 것이죠. 그렇지만 당시 나라에서도 이 도적들을 가만 둘 수 없었습니다. 조선시대 제주마는 중요한 진상품이었으니 도적이 들끓으면 진상할 말까지도 피해를 볼 수 있기 때문이었습니다. 그렇게 잡힌 도적들은 제주에서 가장 먼 평안도로 보내졌다고 합니다. 다른 지역으로 유배를 보내 버리는 강력한 벌로 도적을 소탕하려고 한 것입니다. 그것도 혼자만 보낸 게 아니라 가족들을 같이 보내 버렸다고 합니다. 한번은 세종이 관리를 파견해 도적들을 잡아들였는데, 이때 제주에서 쫓겨난 사람이 800명이나 되었다고 합니다. 도적질로 잡힌 사람이 너무 많으니 나중에는 집안의 독자들은 제주도로 돌아와서 살게 해 주었다고 하지요. 집안의 대는 끊기지 않게 배려를 한 것입니다.

막산이가 자리 잡은 곳은 제주목과 대정현을 왕래할 때 반드시 지나야 하는 곳이었다고 합니다. 그래서 막산이는 이곳에서 머물면서 지나가는 사람들이 들고 가는 곡식이나 타고 가는 말과 소 등을 빼앗아 먹으며 살았습니다. 막산이는 관아의 골칫거리였습니다. 숲속에 있는 것도 문제지만 막산이의 힘이 워낙 세니 관아에서 손쓸 수 없는 상황이었습니다. 이런 막산이를 잡기 위해 또 다른 장사가 전설에 등장합니다. 그는 바로 오찰방보다 힘이 세다고 했던 정운디였습니다.

◇◇◇◇◇◇◇◇

도적에게 말과 소를 빼앗긴 사람들이 도적을 소탕하지 못하는 제주목사에게 원망이 많았다. 그래서 대정현감은 수소문 끝에 정운디가 힘이 세다는 이야기를 듣고 정운디에게 그 일을 맡겼다. 정운디는 술과 돼지고기를 많이 준비해 달라고 하고, 혼자서는 막산이를 잡을 수 없으니 장정 수십 명이 같이 가야 한다고 했다. 대정현감은 요청대로 준비해 주었다.

정운디 일행은 막산이가 사는 곳으로 찾아갔다. 정운디는 막산이를 당해낼 수 없다는 것을 알고 있어서 꾀를 쓴다. 막산이가 사는 굴 앞에 도착한 정운디는 장정들에게 밖에서 기다리다가 큰 소리가 나거든 들어오라고 당부해 놓고는 혼자서 굴 안으로 들어갔다. 막산이는 정운디에게 무기를 겨누며 자기를 죽이려고 왔냐고 물었다. 정운디는 자기도 먹고살기 힘들어서 형님하고 같이 살려고 여기까지 왔다고 둘러댔다. 정운디는 술과 고기를 좀 가져왔다고 내놓았고, 막산이는 별 의심 없이 먹었다. 잠시 후 술기운에 취한 막산이는 몸을 가누기 힘들었다. 그때 정운디가 밖에 신호를 보냈고, 사람들이 들어와 막산이를 움직이지 못하게 잡았다. 정운디가 힘보다는 머리를 써서 자신보다 힘이 센 막산이를 붙잡은 것이다.

정운디는 막산이가 정신을 차리면 옥에서 탈출해 자신에게 복수하러 올 것이라고 확신했다. 그래서 미리 밧줄을 준비해 두고 잠을 자지 않고 기다렸다. 아니나 다를까 막산이는 옥방을 부수고 정운디를 찾아왔다. 정운디는 막산이가 자신의 방에 들어오는 순간에 그의 목에 밧줄을 걸어서 다시 잡았다고 한다.

◇◇◇◇◇◇◇◇◇

장사를 잡으려면 그만큼 힘센 장사가 필요했을 것이고, 마침 근처에 살았던 정운디에 대한 소문이 마을에 파다했을 것입니다. 하지만 정운디도 제대로 붙어서는 막산이의 힘을 당해내지 못할 지경이었다고 합니다. 막산이가 장사들 중에 최강자였던 걸까요. 결국 막산이는 정운디의 꾀에 당해 죽음을 맞고 정운디는 벼슬을 받았다고 합니다. 막산이의 힘은 정운디보다 셌지만 정운디의 꾀에 넘어가 힘도 제대로 써 보지 못하고 당했던 것이죠. 이렇게 해서 누구도 당해내지 못했던 장사 막산이는 최후를 맞이했다고 합니다. 그런데 이 이야기는 새샘이와 정운디의 이야기로 전하기도 합니다. 새샘이라는 도적을 잡기 위해 정운디가 신분을 가장해서 접근하고, 새샘이를 속여 팔을 부러뜨린 뒤에 함께 간 장정들의 도움을 받아 새샘이를 체포한다는 내용입니다. 정운디가 상대하는 방법은 달랐지만 새샘이와 막산이가 동일 인물이라고 봐도 무방할 것 같습니다.

옛 주인에게 속은 막산이

막산이의 최후에 대해 다르게 이야기하는 전설도 있습니다. 이 전설에서는 정운디가 등장하지 않습니다. 앞선 이야기에서는 장사를 제압하기 위해 또 다른 장사를 이용했는데, 이 이야기에서는 막산이가 살았던 집의 주인이 등장합니다.

◇◇◇◇◇◇◇◇◇

도적들이 사람들을 괴롭히자 관에서 가만히 둘 수 없어 막산이가 살던 집의 주인에게 도움을 청했다. 주인은 막산이가 있는 곳을 찾아갔다. 도적들이 주인의 물건도 빼앗으려고 하자 주인은 호통을 치면서 나는 너희 대장하고 같이 살던 사람이니 대장에게 안내하라고 했다. 주인어른을 본 막산이가 넙죽 엎드리면서 여기에 어쩐 일이냐고 물었다. 주인은 막산이에게 네가 여기서 고생을 한다는 말을 들어서 안타까웠는데 마침 관아에서 너같이 힘센 사람이 필요하다고 하니 거기 가면 좋은 대우를 받고 원없이 잘 먹을 수 있을 거라면서 자기와 함께 가자고 했다. 막산이는 주인의 말을 믿고 그를 따라갔지만 이는 함정이었다. 길에 숨어 있던 장정들이 나타나 막산이를 결박했고, 결국 막산이가 잡혔다는 것이다.

◇◇◇◇◇◇◇◇◇

주인은 제주목사의 말을 거역할 수 없었을 겁니다. 목사의 부탁을 거절했다가는 어떤 꼬투리를 잡힐지 몰랐으니까요. 결국 주인이 막산이를 찾아가는데, 막산이가 예전에는 하인이었지만 이제는 도적의 우두머리로 처지가 달라졌습니다. 위 이야기에는 막산이와 예전 주인의 관계가 그렇게 나쁘지는 않았습니다. 먹는 것 때문에 집에서 내보내긴 했지만 다른 집에 넘길 수도 있었을 텐데 그렇게 하지 않은 주인의 배려에 막산이가 감사한 마음을 갖고 있었을지도 모를 일입니다. 이와 반대로 막산이가 주인에게 좋지 않은 감정을 품고 있었다는 이야기도 있습니다. 막산이 입장에서 생각해 보면 주인집에서 쫓겨난 것이나 다름없으니 감정이 그렇게 좋기만 할 수는 없을 것 같습니다. 그래서 혼자 제주성으로 향하는 주인을 발견하고 막산이가 먼저 주인에게 접근했다는 것이죠. 말단 관리 자리를 제안하는 주인의 말에 막산이는 뱀의 머리 대신 용의 꼬리를 선택합니다. 그 선택이 막산이를 죽음으로 몰아가게 됩니다. 주인이 막산이의 믿음을 배신을 하고 만 것이지요.

막산이에 대한 여러 전설들의 결말은 안타깝게도 막산이가 잡혀서 비극적인 죽음을 맞는 것으로 끝납니다. 날개가 잘려도 공동체에 속해 살 수 있었고, 공을 세워 벼슬을 받는 장사들과는 다른 모습입니다.

막산이가 도적의 우두머리로 살던 곳을 막산이구석이라고 불렀다고 하는데 실제 애월읍 소길리에 막산이구석이라는 지명이 있다고 합니다. 조선시대 제주목에서 대정현으로 넘어가는 길 중에는 이곳을 거쳐 가는 길도 있었죠. 그러니 막산이가 그곳에서 활동했을 수도 있었을 겁니다. 대정읍 무릉리 곶자왈에는 오찬이궤라고 전하는 지명이 있습니다. 커다란 바위 절벽에 동굴처럼 움푹 들어간 형태로 되어 있습니다. 이 오찬이궤라는 이름도 오찬이라는 장사가 살았던 궤라는 뜻입니다. 오찬이 역시 힘이 세서 오찬

제주의 곶자왈

이궤에서 살면서 사람들의 소와 말을 빼앗아 잡아먹었다고 합니다. 오찬이의 이야기도 막산이를 잡으러 온 정운디 이야기와 거의 동일합니다. 같은 서사 구조의 이야기인데 막산이, 새샘이, 오찬이로 이름만 바뀌어 전하고 있는 것이지요.

늘 배가 고픈 장사들

먹성 좋은 장사들의 이야기는 제주도 전역에서 전하고 있는데, 그들의 결말은 대부분 비극을 맞습니다. 용담동에 전하는 배 큰 정서방 이야기의 결말은 막산이보다 더 비극적입니다.

◇◇◇◇◇◇◇◇

관아에서는 장사인 정서방이 나라에 해를 끼칠까 봐 죽이기로 결정했다. 정서방은 죽기 전에 배불리 먹을 수 있게 해 준다면 순순히 죽겠다고 했다. 쌀 한 섬과 소 한 마리를 받아 배불리 먹었다. 정서방은 자신의 팔과 다리에 큰 바윗돌을 묶어 바다에 던지라고 알려 주었고, 관아에서는 그의 말대로 했다. 바다에 던져진 정서방은 이후 삼 일 동안 물 위에 떠올라 부모에게 자신이 살았으면 하는지 죽었으면 하는지 물었으나, 부모는 지금처럼 살 바에는 차라리 죽는 것이 낫다고 했다. 사흘 후 정서방은 물속으로 사라졌고, 커다란 백마가 나와 세 번 울고 다시 물속으로 들어갔다. 백마는 정서방의 말이었고, 만약 정서방이 살아 있었다면 큰 장수가 되었을 것이라고 한다.

◇◇◇◇◇◇◇◇

자신이 죽는 방법을 스스로 알려 주고 부모조차도 살아남는 것보다 죽는 것이 낫다고 하는 장면들은 공동체에서 철저하게 배제당하는 이들의 모습을 보여 줍니다. 사회적 편견과 억압으로 잠재력 있는 개인이 희생되는 안타까운 이야기입니다.

막산이의 이야기는 능력 있는 사람이 환경 때문에 자신의 능력을 발휘하지 못하고 나쁜 방향으로 삶이 전환되는 경우를 보여 주는 사례라고 할 수 있습니다. 막산이의 먹성을 감당할 수 있는 방법이 있었더라면 도적이 되지는 않았을 것입니다. 지금도 환경의 영향으로 자신의 능력을 긍정적으로 펼치지 못하고 부정적으로 사용하게 되는 경우를 종종 볼 수 있습니다.

제주의 장사들은 왜 배가 고파야 했을까요? 어쩌면 제주 사람들은 '섬'이라는 한계에 갇혀 현실에 안주하는 경우가 많았을 것입니다. 항시 배가 고팠던 장사들의 이야기는 이런 현실을 뛰어넘어 제주 사회를 바꿔 보려는 사람들의 모습을 보여 주고 싶었던 것은 아닐까요. 비록 현실의 벽이 높아 결말은 늘 비극이었더라도 말입니다.

일곱 번째 이야기
오누이의 힘 대결

일곱 번째 이야기
오누이의 힘 대결

스포츠에서는 같은 종목이라도 남성부와 여성부를 구분해서 경기가 진행됩니다. 기본적으로 남성과 여성의 신체적 능력이 다르기 때문입니다. 때때로 남성과 여성이 함께 대결하는 경기가 열리기도 하지만 이벤트적인 성격인 경우가 많습니다. 만약 남성과 여성이 동등하게 경기를 한다면 어떻게 될까요. 신체적인 힘을 겨루는 경기에서는 분명 남성이 유리할 것입니다.

제주 전설에 다양한 남성 장사들의 이야기가 전하는 것처럼 여성 장사의 이야기도 꽤 전합니다. 그런데 그중에는 남성 장사와 여성 장사가 대결을 펼치는 이야기도 있습니다. 남다른 힘을 자랑하는 남성 장사와 힘을 숨기고 있는 여성 장사. 흥미로운 대결의 승자는 누구였을까요.

멧돼지를 때려잡는 힘

제주의 여성 장사 이야기를 하려면 오찰방 전설에서 잠깐 스치듯 지나갔던 누이의 이야기를 먼저 해야 합니다. 오찰방이 힘이 센 이유는 오찰방을 잉태한 산모가 여러 마리의 소를 먹었기 때문이라고 설명합니다. 그런데 간과하면 안 될 사실이 하나 있습니다. 오찰방의 누이는 오찰방보다 더 많은 소를 먹고 태어났다는 점입니다. 그러니 태생적으로 오찰방보다 오찰방 누이의 힘이 더 셌을 수 있습니다. 단지 여자이기 때문에 나서서 힘자랑을 하지 않았을 뿐이었습니다. 오찰방의 누이는 얼마나 힘이 셌을까요. 그녀의 힘에 대한 에피소드가 따로 전합니다.

◇◇◇◇◇◇◇◇◇

오찰방의 누이가 열네 살 무렵 되던 해였다. 마을에서

떨어진 숲에서 고사리를 꺾고 있었다. 그때 한 사냥꾼이 몸집 큰 산돼지를 쫓다가 총으로 쐈는데 그 산돼지가 바로 죽지 않고 도망가다가 오찰방의 누이가 있는 쪽으로 향했다. 사냥꾼은 깜짝 놀라서 피하라고 크게 외쳤다. 오찰방 누이가 그 소리를 듣고 일어서서 주위를 보니 산돼지가 자신을 향해 달려들고 있었다. 산돼지가 갑자기 달려들면 당황할 만도 한데 오찰방 누이는 달려드는 산돼지를 맨손으로 잡아 버렸다. 사냥꾼은 여자가 커다란 산돼지를 단숨에 제압하는 것을 보고 당황했지만 다친 곳이 없냐고 물었다. 그녀는 이 정도는 문제없다면서 산돼지를 들어 던졌는데, 그만 산돼지의 숨이 끊겼다.

◇◇◇◇◇◇◇◇◇

뛰어드는 멧돼지를 맨손으로 단번에 잡을 수 있는 힘이라니. 실제로는 힘이 세다는 남성들도 엄두를 내지 못할 일일 겁니다. 하지만 오찰방의 누이는 산짐승의 위험을 가뿐히 뛰어넘는 힘의 소유자였던 것입니다. 시흥리 현씨 남매의 누이는 달려오는 소를 힘으로 제압했다고 합니다. 멧돼지와 소 같은 동물들을 여성의 힘으로 제압하는 것이 가능할까요?

실제 호랑이를 잡은 여성들의 이야기가 기록에 남아 전합니다. 『숙종실록』의 기록에는 응옥이라는 여인이 자신의 노비가 호랑이에게 잡아먹히는 것을 보고 맨손으로 호랑이를 때려잡았다고 합니다. 또 경주에서는 홍계발의 처 김씨와 후처 정씨가 갑자기 집에 호랑이가 들어와 남편을 해치려고 하자 김씨는 호랑이를 이불로 덮고, 정씨는 방망이로 호랑이를 때려잡았다고 합니다. 이 밖에도 호랑이에 맞섰다는 유천계의 처 김씨, 이지의 아내 한덕, 신경례의 아내 내은덕 內隱德, 벌등이 伐等伊 등의 이야기가 전하고 있습니다.

물론 실록이라고 해서 꼭 사실만 적혀 있는 것은 아니지만 허무맹랑한 내용을 국가의 공식 기록인 실록에 남기지는 않았을 테니 전혀 근거 없는 이야기는 아닐 것입니다. 흔히 있는 일은 아니었지만 여자 혼자 맹수인 호랑이도 때려잡는데 멧돼지나 소 정도야 충분히 가능한 일이었을 겁니다.

그런데 산돼지를 두고 사냥꾼과 오찰방 누이의 미묘한 갈등이 시작됩니다. 산돼지가 사냥꾼의 총에 맞기는 했지만 엄연히 따지면 마지막에 산돼지를 잡은 것은 오찰방의 누이였습니다. 만약 오찰방 누이가 산돼지를 잡지 않았으면 그대로 놓쳤을 수도 있었으니까요. 그런데 서로의 몫을 다투는 와중에 일이 이상하게 돌아갑니다.

◇◇◇◇◇◇◇◇◇

오찰방 누이는 사냥꾼에게 산돼지를 가져가라고 했다. 사냥꾼은 자기가 쫓던 산돼지이니 산돼지를 통째로 가져가려 했다. 오찰방 누이는 두 사람이 같이 잡았으니까 공평하게 반으로 나눠야지 독차지하는 법이 어디 있냐면서 인심이 고약하다고 따졌다. 그러다가 엉겁결에 사냥꾼 손목을 잡게 되었다. 힘이 좋은 오찰방 누이가 손목을 잡는 바람에 사냥꾼은 손목이 부러질 것 같았다. 사냥꾼은 자기가 잘못했다고 살려 달라며 빌었다. 누이는 사냥꾼의 손목을 놓아주고는 어디 사는 누구냐고 물었다. 사냥꾼은 정의현 토평에 사는 김아무개라고 말했다. 그러자 누이는 처녀가 남자 손목을 잡았으니 당신에게 시집을 가겠다고 하는 것이었다. 그렇게 오찰방 누이는 산돼지 반을 나누어 갖고 집으로 돌아왔다.

◇◇◇◇◇◇◇◇◇

산돼지의 몫에 대한 다툼이 갑자기 혼인 약속으로 이어지고 말았습니다. 옷깃만 스쳐도 인연이라는데 손목을 잡았으니 따지고 보면 큰 인연이긴 합니다. 물론 사냥꾼이 일방적으로 당한 것이긴 하지만 말입니다. 사냥꾼은 산돼지를 사냥하다가 혼인 약속까지 해 버렸습니다. 사실 사냥꾼의 의견은 그다지 중요하지 않았던 것 같지만 말입니다. 하지만 혼인을 하려면 양가 부모의 동의도 있어야 하므로 일단 둘은 그렇게 헤어졌습니다.

◇◇◇◇◇◇◇◇◇

시간이 지나고 집에서는 오찰방 누이를 시집보내려고 했다. 그런데 누이는 혼인 말만 나오면 자신은 이미 혼인을 약속한 사람이 있다고 답했다. 그러면서 다른 사람한테 혼사가 들어오면 모두 거절하되 정의현 토평에서 혼사가 들어오면 허락하라고 부모에게 귀띔해 두었다. 사냥꾼은 집으로 돌아간 뒤에 부모에게 혼인을 약속한 일을 이야기했다. 사냥꾼의 부모는 혼담을 넣기 위해 오찰방 누이의 집으로 향했다. 기다리던 토평 사람에게서 혼담이 들어와 오찰방 누이의 부모는 반가워했다. 그렇게 해서 오찰방 누이는 정의현 토평의 사냥꾼 김씨 집에 시집을 가 살게 되었다고 한다.

◇◇◇◇◇◇◇◇◇

오찰방 누이는 사냥꾼과의 약속을 잊지 않고 지켰습니다. 부모가 정해 준 대로 혼인하는 것이 당연한 시대에 배우자를 스스로 선택하는 모습을 보면 오찰방 누이는 진취적인 사고를 가지고 있었다고 해석할 수 있습니다. 그러나 다른 관점에서 생각해 보면 손목을 잡은 인연으로 한 남자에 대한 수절을 지켰다는 점에서 고전적인 여성상도 동시에 엿볼 수 있습니다. 손 한번 잡은 것으로 미래를 약속하다니. 오늘날로선 상상도 할 수 없는 일입니다. 이렇듯 오찰방 누이는 기존의 관습을 파괴하는 모습도 드러내지만 전통의 질서를 따르는 모습도 함께 드러내는 양면적 성격의 인물입니다.

오누이의 씨름 대결

오찰방 누이 이야기의 하이라이트는 오누이의 씨름 대결

입니다. 씨름에서 항상 승리하던 오찰방은 점점 콧대가 높아졌습니다. 겸손이 미덕이라는 말이 있듯이 자만심은 불행을 가져오곤 합니다. 오찰방의 누이는 승리에 도취되어 사람들을 가벼이 여기는 오찰방의 거만함을 경계했습니다. 그래서 오찰방의 버릇을 고치기 위해 그녀가 나섭니다. 오찰방을 상대할 수 있는 사람이 그녀밖에 없었으니까요.

◇◇◇◇◇◇◇◇◇

오찰방은 씨름 대회에 나가면 모두를 눕히고 일등을 하니 자신이 최고인 줄 알았다. 누구도 자신을 이길 수 없다면서 점점 거만해졌다. 누이는 그래도 사람 일은 모르는 법이라고, 그렇게 힘자랑하다가 코가 납작해질 때가 있을 거라고 동생을 타일렀지만 오찰방은 듣는 둥 마는 둥 했다. 누이는 동생의 태도를 고치려면 자신이 나서야겠다고 생각했다. 누이는 오찰방에게 이번 씨름 대회에 나가면 틀림없이 너를 이길 장사가 나타날 것이라고 말했다. 오찰방은 그런 사람이 있으면 벌써 나왔을 거라며 코웃음을 쳤다.

다시 벌어진 씨름 대회에서 오찰방은 또 승승장구했

다. 오찰방이 더 붙어 볼 사람이 없냐며 의기양양하고
있으니 구경꾼 중 한 사내가 대결에 나섰다. 겉모습을
보니 연약한 체격이어서 오찰방은 자기와는 상대가 안
된다며 무시했다. 사내는 길고 짧은 것은 대 봐야 안다
면서 붙어 보자고 나섰다. 그렇게 시작된 씨름에서 오찰
방이 허리를 잡고 사내를 들려고 하는데 꿈쩍하지 않았
다. 오히려 상대방이 힘을 쓰자 오찰방이 뒤로 넘어가고
말았다. 오찰방이 패배하고 만 것이다. 그 상대가 바로
오찰방의 누이였다.

◇◇◇◇◇◇◇◇

남자로 변장한 누이에게 오찰방은 태어나서 처음으로
패배를 맛보았습니다. 물론 정운디 이야기를 빼면 말이죠.
이렇게 힘이 센 남매 장사 이야기는 오찰방 남매뿐만 아니
라 성산의 현씨 남매, 홍리의 고대각, 사계의 김초시 남매
이야기에서도 동일하게 나타납니다. 산모가 아이를 가졌
을 때 소를 먹은 것도 똑같은데 더 많이 먹고 태어난 쪽은
항상 누이였습니다. 그러니 누이가 남성들보다 힘이 더 셌
습니다.

여성들은 남장을 하고 씨름 대회에 나갑니다. 오찰방의 누이는 동생의 거만함을 고치려는 이유를 내세우고, 시흥리 현씨 누이는 동생이 다른 마을의 씨름 대회에 나갔다가 우승하면 그 마을 사람들에게 해코지를 당할까 봐 동생을 지게 만들려고 했다는 이유를 듭니다. 김초시의 누이 이야기에서는 한술 더 떠서 만약 김초시가 씨름 대회에서 우승할 경우에는 몰래 죽여 버리겠다는 사람의 대화를 엿듣고 걱정이 되어 대회에 나갑니다.

그녀들은 자신의 정체를 드러내지 않습니다. 남동생의 자존심을 지켜 주려는 배려였던 것이죠. 동생의 나쁜 성격을 고쳐 주려고, 보호하려고 나선 걸 보면 남동생을 아끼는 마음만은 같았던 모양입니다.

목숨을 건 오누이의 대결

오누이가 씨름 대결을 하는 전설은 임진왜란 때 활약했던 장수인 김덕령과 누이와의 전설에서도 동일하게 나타납니다. 김덕령은 씨름에서 져 본 적이 없어 기고만장했는데 누이가 남장을 하고 나타나서 가볍게 눕혀 버립니다. 김덕령은 처음 패배를 당하고 그날로 앓아누웠습니다. 그러자 누이가 자신이 그 상대였다고 밝힙니다. 그런데 김덕령은 처음으로 패배한 것도 화가 나는데 아무리 누이지만 여자한테 힘으로 졌다는 것이 남자로서 꽤 자존심이 상했나 봅니다. 누이의 말을 믿지 못해서인지, 아니면 자존심을 회복하려고 한 것인지는 알 수 없지만 김덕령과 누이의 대결이 다시 이어집니다. 심지어 지는 사람이 죽기로 하고 대결이 시작되었습니다. 씨름 대결이 갑자기 목숨을 건 대결로 바뀐 것입니다.

오누이의 목숨을 건 대결 종목은 무엇이었을까요. 엄청난 내기를 했을 것 같지만 사실 그렇게 대단한 대결은 아니었습니다. 누이는 모시를 짜서 도포 한 벌을 만들고, 김덕령은 나막신을 신고 무등산을 한 바퀴 도는 내기였습니다. 대결이 시작되자 누이는 능숙한 솜씨로 옷을 만들었습니다. 그런데 옷고름이 하나밖에 남지 않았는데도 김덕령은 도착하지 않았습니다. 누이는 일부러 옷고름을 달지 않고 기다렸습니다. 김덕령이 한 바퀴를 다 돌고 와서 옷을 입어 보니 옷고름 하나가 없었습니다. 결국 승자는 김덕령이었지만 누이가 일부러 져 주었던 것입니다. 남매 간의 대결이지만 목숨을 건 무시무시한 대결이었습니다. 굳이 목숨까지 걸 일은 아닐 텐데 말입니다. 이런 오누이 힘겨루기 전설은 전국에 여러 이야기로 전합니다. 역시나 목숨을 건 내기였습니다. 충청남도의 흑성산에는 다음과 같은 오누이 대결 이야기가 전합니다.

◇◇◇◇◇◇◇◇◇

홀어머니가 힘이 아주 센 아들과 딸을 두고 있었다. 그런데 남매는 아버지가 달라서인지 매일같이 싸웠다. 남매가 하도 싸우니까 하루는 어머니가 오누이를 불렀다. 그러고는 산에 성을 쌓는 내기를 해서 진 사람이 죽기로 하자고 했다. 남매는 그렇게 하기로 하고 서로 반대편에서 성을 쌓기 시작했다. 그런데 어머니가 보니 아들보다 딸이 더 빨리 성을 쌓고 있었다. 어머니는 이러다가 아들이 질 것 같아 뭔가 수를 써야겠다고 생각했다. 딸에게는 콩을 한 되 볶아 가져다주면서 배고플 텐데 콩을 먹고 쌓으라고 했고, 아들한테는 흰죽을 가져다주면서 먹으라 했다. 콩은 씹기가 어렵지만 죽은 금방 후루룩 먹을 수가 있었다. 그래서 딸이 콩을 먹는 동안 아들이 더 빨리 성을 쌓을 수 있었다. 하지만 그렇게 했는데도 재빠른 딸이 이길 것 같았다. 어머니가 이번에는 딸에게 물을 한 바가지 가져다주면서 물을 마시면서 하라고 했다. 콩에다가 물까지 먹으니 딸은 배탈이 났고, 화장실을 들락날락해야 했다. 그동안 아들이 재빨리 성을 쌓아 결국 딸보다 먼저 완성했다. 딸은 내기에서 진 것을 알고 스스로 목숨을 끊었다.

◇◇◇◇◇◇◇◇◇

비슷한 이야기에서 다른 대결이 진행되기도 합니다. 아들은 나막신을 신고 서울에 다녀오고, 딸은 성을 쌓는 내기로도 나타납니다. 딸은 빠른 속도로 성을 쌓아서 문 하나만 달면 되었는데 어머니가 딸이 이길 것 같으니 팥죽을 뜨겁게 끓여서 딸한테 가져다줍니다. 그렇게 딸이 뜨거운 팥죽을 먹는 동안 서울에 갔던 아들이 먼저 도착해 버립니다. 그래서 아들이 내기에서 이기고 딸이 죽게 되었다는 것입니다. 가장 비극적인 이야기에서는 어머니 덕분에 이긴 것을 눈치챈 아들이 스스로 목숨을 끊고, 아들이 죽으니 어머니도 비관해서 목숨을 끊었다는 결말을 보여 주기도 합니다.

여러 이유로 남매가 다양한 대결을 벌이지만 승자는 항상 아들입니다. 하지만 아들은 스스로의 힘만으로 승리하지 못하고 어머니의 도움을 받습니다. 어머니는 둘의 대결을 지켜보며 공정한 심판 역할이 아니라 아들을 도와주는데 힘쏩니다. 이것은 과거의 남아선호사상이 반영된 영향일 겁니다. 남성의 패배와 죽음은 곧 가문의 단절을 의미합니다. 과거에는 개인보다 가문의 영광을 더욱 중요하게 생각했기 때문에 남성의 승리는 정해진 수순이나 다름없었습니다. 심지어 같은 여성인 어머니마저 남성의 편에 서고 있으니 말입니다. 한편으로는 여성이 그런 패배를 스스로 받아들이고 있습니다. 누이는 승리할 수 있었음에도 일부러 시간을 끌며 스스로 패배를 선택합니다. 이것은 남성 중심 사회의 한계를 넘어설 수 없었던 당시의 상황을 보여주고 있습니다.

오늘날 재벌가를 다루는 영화나 드라마에서도 오누이의 대결이 등장합니다. 능력 있는 딸과 뭔가 트라우마가 있는 아들이 회사 권력을 두고 벌이는 지략 대결이 흥미진진하게 펼쳐집니다. 딸은 실적만 추구하는 냉혈한으로, 아들은 인간미 있는 모습으로 그려지는 경우가 많습니다. 대체로 아들이 주인공인 경우에는 트라우마를 극복한 아들의 승리로 끝나는 경우가 많습니다. 드라마 〈눈물의 여왕〉에서도 퀸즈그룹 대표의 부인은 딸에게 능력이 있음에도 불구하고 아들만을 끼고돕니다. 사고만 치는 아들을 애지중지하면서 더 힘을 실어 주고, 딸에게는 냉랭하기만 합니다. 하지만 이 드라마는 점차 높아지는 우리 사회의 성평등 인식을 반영을 했는지 엄마가 자신의 편애를 각성하고, 결국 딸이 권력을 얻는 것으로 끝이 납니다.

그런데 제주에서는 목숨을 건 오누이의 대결 이야기는 찾아보기 힘듭니다. 기껏해야 씨름 대결 정도입니다. 왜 그럴까요? 최부의 『표해록』에는 이런 내용이 등장합니다.

"여염 간에는 여자가 남자보다 3배가 더 많으며 부모 되는 사람들은 딸을 낳으면 꼭 말하기를 이것은 우리를 잘 효양할 자라고 하고 사내를 낳으면 다 말하기를 이것은 우리 자식이 아니라 곧 고래와 바다뱀의 먹이라고 한다고 하였다."고 말이죠.

그러니 제주에서는 조선 초기만 해도 남아를 선호하지는 않았던 것으로 보입니다. 하지만 조선 후기에 이르면 제주 역시 남아선호사상이 뿌리내리게 됩니다.

밝혀지는 누이의 정체

오찰방과 누이의 씨름 대결 이후는 어떠했을까요. 김덕령과 누이처럼 목숨을 건 대결을 펼쳤을까요? 이들도 씨름에 이어 다른 대결을 펼치긴 합니다. 하지만 죽기 살기의 대결이 아니라 대결인 것 같으면서도 대결이 아닌 듯한 승부입니다.

◇◇◇◇◇◇◇◇◇

오찰방은 패배한 것이 억울하고, 화를 삭이지 못해 병이 날 지경이었다. 오찰방의 누이는 동생의 자존심이 상할까 봐 씨름 대결을 한 사람이 자신이라고 나서기가 쉽지 않았다. 누이는 고민하다가 동생이 자신의 정체를 자연스럽게 눈치채도록 해야겠다고 생각했다. 그래서 오찰방의 신발을 집 지붕의 서까래 틈에다 몰래 끼워 놓았다. 오찰방은 자기를 이긴 사람의 정체가 궁금해서 도저히 참을 수 없었다. 그래서 그 사람이 누구인지 확인해 봐야겠다며 집을 나서려고 했다. 그런데 자신의 신발이 지붕의 서까래에 끼워져 있었다. 신발을 빼내려고 하는데 힘을 아무리 줘도 빠지지 않았다. 그때 누이가 나타나더니 서까래를 간단히 들어 올려 신발을 꺼내 주었다. 오찰방은 그것을 보고 자신을 이긴 사람이 누이인 것을 알아챘고, 이렇게 해서 거만했던 오찰방의 버릇이 고쳐졌다고 한다.

◇◇◇◇◇◇◇◇◇

둘의 대결은 누이의 정체를 오찰방이 알아채는 과정입니다. 누이는 씨름 대회에 나간 사람이 자신임을 암시하는 힌트를 주고, 오찰방은 그 힌트를 통해 누이임을 확인합니다. 다른 이야기에서는 누이의 정체를 의심한 오찰방이 누이를 시험해 봅니다. 그래서 누이에게 듬돌을 들어 보라고 합니다. 누이는 오찰방이 끙끙대며 드는 듬돌을 아주 가볍게 들어 올려 버립니다. 그래서 오찰방이 누이의 힘을 인정할 수밖에 없었다는 것이죠.

누이가 대놓고 자신의 힘이 세다고 말하지는 않았지만 자연스럽게 오찰방은 누이가 자신보다 힘이 세다는 것을 알게 됩니다. 신발 에피소드에서는 서로를 배려하면서 정체를 밝히고, 듬돌 에피소드는 보다 직관적이지만 비교적 평화롭게 마무리됩니다. 특히나 육지와는 다르게 제주 이 야기에서는 부모가 대결에 관여하지 않습니다. 굳이 관여 할 필요도 없을 정도입니다. 어떻게 보면 오찰방 누이가 이 야기의 숨은 주인공 같기도 합니다.

어째서 제주 지역 오누이 대결은 다른 지역과 다르게 마무리되는 것일까요. 아무래도 제주 사람들의 삶에서 여성의 역할이 상당히 중요했기 때문일 것입니다. 제주 여성들은 각종 집안일 뿐만 아니라 바다에서 물질을 하고, 농사에도 참여했습니다. 제주 공동체에서 여성은 배제의 대상이기보다는 사회적 역할을 나눠서 해 나가는 존재였습니다. 그런 점에서 오누이의 대결이 파국으로 치닫지 않고 서로를 인정하는 화해의 장면으로 끝나는 것은 여성을 공존의 대상으로 바라보는 시각이 반영되었을 겁니다. 완전한 성평등의 모습은 아니었지만 여성의 잠재력을 인정하는 인식을 보여 주려 했던 것은 아닐까요.

여덟 번째 이야기
힘을 숨긴 여성 장사들

힘을 숨긴 여성 장사들

1990년대에 〈배추도사 무도사의 옛날 옛적에〉라는 애니 메이션이 방영되었습니다. 전국의 전설들을 소개하는 만화 였는데 제주도 이야기로 '한락댁이'라는 여성 장사의 이야 기를 다루기도 했습니다. 한락댁이는 도깨비와의 씨름에 서 승리하고, 남자도 들기 힘든 돌을 거뜬히 들어 버리는 인물이었습니다. 제주도의 수많은 이야기 중에 왜 하필 여 성 장사의 이야기를 다루었을까요. 아마 당시만 해도 여성 과 장사라는 조합이 색다른 이야깃거리였을 겁니다. 사실 이 이야기는 제주에 전하는 여성 장사 이야기의 여러 요소를 합쳐 놓은 것으로 보입니다. 그렇다면 실제 제주 전설 속 여성 장사들의 모습은 어떨까요.

힘자랑을 하는 돌을 던져 버리다

예전에 마을 청년들은 무거운 돌을 들어 올리며 힘자랑을 하곤 했습니다. 그런 돌을 들돌이라고도 하고 듬돌이라고도 했습니다. 힘깨나 쓰는 남자들도 쉽게 들 수 없는 돌이었으니 여성이 듬돌을 든다는 것은 더욱 힘든 일이었을 겁니다. 그런데 제주 전설에는 이렇게 무거운 돌을 가볍게 들었다는 여성들의 이야기가 다수 전합니다. 먼저 시흥리에 전하는 강씨의 이야기입니다.

◇◇◇◇◇◇◇◇◇

시흥리에 강씨가 살고 있었다. 그녀는 어렸을 때부터 힘이 무척이나 셌다고 한다. 강씨는 남편과 혼인해서 시흥리에 살았다. 하루는 강씨가 아침 일찍 물을 길러 나갔다. 아직 해가 완전히 뜨지 않아 주위는 어둑어둑했다. 시집온 지 얼마 되지 않았던 강씨는 길이 익숙하지 않았다. 조심조심 길을 가고 있는데 발에 무엇인가 걸렸다. 뭔가 하고 보니 커다란 돌이 길에 놓여 있었다. 강씨는 괜히 이런 돌을 길에 두어서 발에 채게 할까 생각했다. 그리고 다른 사람도 지나가다 발에 걸릴 수 있으니 돌을 들어 근처 밭에다 던져 버렸다.

날이 밝자 마을 청년들은 난리가 났다. 듬돌이 있어야 할 자리에 보이지 않았기 때문이었다. 듬돌이 청년들의 자존심이기도 했기 때문에 누군가 훔쳐 갔다면 큰일이었다. 청년들이 듬돌의 행방을 찾아보니 누가 듬돌을 던졌는지 밭에 박혀 있는 것이었다. 듬돌을 찾아서 다행이긴 했지만 문제는 지금부터였다. 무거운 듬돌이 밭에 박혀 있으니 돌을 들어 올리기가 어려웠던 것이다. 청년들이 돌을 꺼내려고 이래저래 궁리해 보았지만 도저히 빼낼 수가 없었다. 강씨는 지나가다 청년들이 애를 먹는 것을 보게 되었다. 마을에서 힘자랑을 하던 청년들이 그 정도 돌도 들지 못하는 것이 우스웠다. 그녀는 옷을 걷어 올리고 밭에 들어가 듬돌을 번쩍 들어 원래 있던 길에 던져 놓았다고 한다.

◇◇◇◇◇◇◇◇◇

듬돌(국립제주박물관 소장, 출처: e뮤지엄)

강씨는 발에 채는 돌을 치웠을 뿐인데 마을의 청년들은 비상이 걸렸습니다. 설마 그 돌이 청년들이 애지중지하는 듬돌일 줄은 그녀도 몰랐죠. 아마도 힘이 세다는 마을 남자들 모두가 동원되어 듬돌을 원래 자리에 가져다 놓으려 했을 겁니다. 그런데 마을 청년 그 누구도 듬돌을 옮기지 못합니다. 결국 강씨는 자신이 나서 듬돌을 원래 있던 곳으로 옮겨 줍니다. 그러니 강씨는 마을의 어떤 남자보다 힘이 셌던 겁니다.

이렇게 듬돌을 밭에다 던져 버린 여성 장사 에피소드는 세화리의 문만호 댁 며느리, 신산리의 박씨 집안 할망, 태흥2리의 동칩 할망, 오조리의 송씨 이야기에서도 나타납니다. 전체적인 이야기는 비슷하지만 듬돌을 드는 상황과 그 이후의 문제 해결 방식은 조금씩 다릅니다.

시흥리와 반대편에 있는 마을인 구좌읍 세화리에서는 문만호 댁 며느리가 힘이 셌다고 합니다. 문만호 댁 며느리 역시 아침에 물을 길러 가다가 마을 청년들이 듬돌을 들면서 내기하고 있는 것을 보게 되었는데, 청년들은 매우 어렵게 드는 돌이 며느리가 보기에는 그렇게 무거워 보이지 않았던 것입니다. 며느리가 아무도 없는 틈을 타서 돌을 들어 보았더니 전혀 무겁지 않아 인근의 밭에 던져 버렸습니다. 그런데 마을 청년들의 힘으로는 듬돌을 제자리에 옮겨 놓지 못해 결국 며느리가 나서서 돌을 원래의 자리로 돌려놓았다는 겁니다.

듬돌을 드는 동기는 다르지만 남성들의 전유물이었던 듬돌을 여성이 가볍게 들어 버린다는 점, 듬돌을 밭에 던져 버렸다는 점, 듬돌을 제자리로 옮기는 문제를 남성들이 해결하지 못하고 결국 여성이 해결했다는 점은 동일하게 나타납니다.

전남 부안군 상서면 청림리의 거석마을에 전하는 들독

거리 전설에는 무거운 돌을 든 여자 장수가 등장합니다. 옛날 이 마을에 기골 좋은 여자아이가 있었는데 힘이 아주 세서 남자들도 당해내지 못했다고 합니다. 그런데 어느 날 그 여자아이가 가마소 골짜기의 큰 돌을 치마에 담아 마을에 내려놓고는 사라져 버렸다는 것입니다. 이후 마을 청년들이 그 돌을 들어 보려고 했지만 들 수 없었고, 여럿이 힘을 합쳐야 겨우 움직일 수 있었다고 합니다. 그 후 '돌을 가져다 놓은 곳'이라는 뜻의 '들독거리'라는 지명이 생겨났다고 합니다. 남성보다 힘이 센 여성이 돌을 들어다 놓았다는 점은 비슷하지만 마을에 있는 특별한 돌에 대한 유래담 성격이 더 부각되는 이야기입니다.

제주에서 여자 장사 이야기가 다수 전하는 이유는 무엇일까요. 물질을 마치고 무거운 해산물을 물에서 끌어 올리고, 그것을 등에 지고 가는 해녀들의 사진을 보면 연약한 몸에서 뿜어져 나오는 강한 아우라를 느낄 때가 있습니다. 옛사람들은 그녀들의 뒷모습에서 장사의 모습을 떠올린 것은 아닐까요.

숨겨야 할 능력

여성 장사의 힘이 지금은 흠이 아니지만 남성 위주의 사회에서는 받아들이기 어려운 일이었습니다. 강씨와 문만호 댁 며느리의 이야기에서 듬돌을 밭에 던져 버렸다가 다시 원래 자리로 돌려놓는 것은 동일하지만, 그렇게 하게 된 연유는 조금 다릅니다. 문만호 댁 며느리 이야기에서는 원래 자리로 옮겨 놓는 과정에서 시아버지가 관여합니다.

◇◇◇◇◇◇◇◇◇

날이 밝자 듬돌의 위치가 달라진 것을 알게 된 마을 청년들이 도대체 누가 돌을 밭으로 옮겼는지 찾아다니기 시작했다. 그런데 마침 문만호 댁 며느리가 아침 일찍 물을 길러 가는 것을 본 사람이 있었다. 그 이야기가 마을에 퍼지다가 시아버지 귀에까지 들어갔다. 시아버지는 자기 며느리가 그럴 리가 없다고 부인했다. 그러면서도 혹시 하는 마음에 며느리를 불러 마을의 듬돌을 옮겼는지 물어보았다. 며느리는 청년들이 하도 듬돌을 무거워하기에 얼마나 무거운지 궁금해서 한번 들어 봤다고 사실대로 얘기했다. 시아버지는 그 돌이 어떤 돌인데 손을 댔느냐며 종아리를 때리면서 야단을 쳤다. 시아버지는 당장 가서 돌을 원래 자리로 옮겨 놓으라고 했다. 그렇게 해서 결국 며느리가 밭에 있던 들돌을 본래 자리로 되돌려 놓았다고 한다.

◇◇◇◇◇◇◇◇

강씨는 자신의 의지로 돌을 옮겨 주었지만, 며느리는 시아버지의 말에 따라 돌을 옮겨 놓는다는 차이가 있습니다. 강씨가 능동적이라면 며느리는 수동적입니다. 힘을 쓰는 것은 여성이지만 남성에 의해서 움직이고 있습니다. 시아버지는 자신의 며느리가 힘이 세다는 것을 드러내고 싶어 하지 않았습니다. 여성 장사 이야기이지만 당대 남성의 시각이 반영되어 있는 것이죠.

과거에는 남성이 힘이 센 것은 자랑거리였어도 여성은 오히려 흉으로 여겼습니다. 그래서 힘이 센 여성들은 자신의 능력을 숨겨야 했었습니다. 드라마 〈힘쎈여자 도봉순〉은 여자 장사를 주인공으로 내세운 드라마입니다. 도봉순의 가문은 모계 혈통으로 힘이 이어집니다. 하지만 도봉순은 자신의 힘을 자랑거리로 여기지 않습니다. 오히려 힘이 세다는 것을 들키지 않기 위해 노력합니다. 도봉순을 좋아하게 된 남자 주인공 안민혁 역시 도봉순의 비밀을 알게 된 후 도봉순의 능력이 다른 사람들에게 알려지지 않도록 도와줍니다. 여성의 힘은 세상에 숨겨야 할 능력으로 묘사되고 있죠. 최근까지도 우리 사회에서 여성이 힘이 세다는 것을 받아들이기 어려웠다는 것을 보여 줍니다.

또 하나, 위 전설에서 시아버지는 남성들의 전유물로 여겨진 듬돌을 여성이 손댄 것에 대해서 반감을 드러내고 있습니다. 건들면 안 되는 금기를 여성이 건드렸다는 것입니다. 여성의 사회 참여가 거의 불가능했던 과거에는 여성에게 많은 제약이 가해졌습니다. 민주주의가 들어선 이후에도 여성의 참정권을 인정하는 데까지 꽤 긴 시간이 걸렸으니 말입니다.

능력 있는 여성들 중에는 이런 금기를 깨고 싶다고 생각한 경우도 있었을 겁니다. 또 어떤 사람들은 그런 여성을 상상하면서 다양한 이야기를 만들어냈습니다. 대표적인 사례가 남장을 한 여성이 등장하는 이야기입니다. 제주 신화 〈세경본풀이〉의 자청비는 남장을 하고 문도령과 함께 서당에서 공부를 합니다. 또한 서천꽃밭(생명의 근원이 되는 꽃들이 자라고 있다는 꽃밭)에 갔을 때는 꽃감관의 딸과 혼인까지 합니다. 고전소설 『홍계월전』에서는 홍계월이 남성으로 위장한 채 자신의 능력을 펼쳐 무려 대장군의 지위에까지 오릅니다. 남장을 한 여자 이야기는 오늘날 문화콘텐츠에서도 자주 등장하는 요소입니다. 〈성균관 스캔들〉은 조선시대 남성들만의 공간이었던 성균관에 남장을 한 김윤희가 들어가게 되면서 벌어지는 아슬아슬한 상황을 다루고 있습니다. 금기에 도전한 이야기 속 여성들은 대체적으로 사회의 금기를 뛰어넘는 데 성공합니다. 하지만 현실에서는 꿈도 꾸지 못할 일이었습니다.

오조리의 송씨 이야기에서는 조금 다른 시선을 엿볼 수 있습니다. 송씨는 임신한 상태에서 물허벅을 지고 듬돌을 들었다고 합니다. 앞선 이야기의 조건에서 물허벅을 진 상태라는 것에 임신한 상황이라는 핸디캡이 추가되었지요. 그런 어려운 상황에서도 듬돌을 들 수 있었다는 걸 강조하고 있습니다. 거기다 송씨는 물질도 잘해서 상군해녀였다는 설명이 덧붙습니다. 일제강점기 때 어업조합의 부당한 대우에 대한 투쟁에도 참여했다고 합니다. 힘만 좋았던 것이 아니라 다른 분야에서도 출중한 능력을 보여 주고, 불합리한 일에 앞장선 인물로 그려지고 있습니다. 이것은 근대에 들어서면서 정치·경제·사회·문화적으로 여성들의 참여가 늘어났고, 또 해녀 항쟁을 거치면서 제주도 내에서 여성에 대한 인식이 달라진 점이 반영되었다고 볼 수 있습니다.

남편을 지붕 위로 던지다

여성 장수의 듬돌 들기만큼이나 다수의 이야기에서 나타나는 또 하나의 에피소드가 있습니다. 남편을 지붕에 던져 버리는 이야기입니다. 듬돌 들기가 마을 공동체 안에서 힘센 여성의 이야기를 보여 주었다면 이 유형에서는 부부 간의 상황을 보여 줍니다. 과거 가부장제 사회에서는 가장인 남편의 말이 절대적인 영향력을 가졌습니다. 그런데 남편보다 힘이 센 아내라면 어땠을까요.

◇◇◇◇◇◇◇◇◇

애월 어음리에 자물케 할망이 남편과 함께 살고 있었

다. 어느 날 할머니가 아침을 준비하고 있는데 할아버지
가 할머니에게 잔소리를 하는 것이다. 그러자 할머니가
할아버지를 마당으로 나오라고 했다. 할아버지는 무서
울 게 없으니 나갔다. 그랬더니 할머니가 할아버지를 들
어 지붕 위에 던져 버렸다고 한다.

◇◇◇◇◇◇◇◇

사람을 지붕으로 던진다는 것은 무협 영화에서 나올 법
한 일입니다. 성인 남자를 지붕 위로 던지려면 상당한 힘이
필요하지요. 듬돌을 드는 것 못지않은 힘을 가지고 있어야
할 겁니다. 여기까지는 할머니의 힘을 부각시키는 내용이
고, 그다음 이어지는 이야기가 재미있습니다.

◇◇◇◇◇◇◇◇

그때 마침 이웃 사람이 지나다가 할아버지가 지붕 위
에 올라가 있는 것을 보았다. 왜 아침부터 지붕에 올라
가 있느냐고 할아버지에게 물었다. 할아버지는 할머니
가 지붕에 던졌다고 사실대로 말하기에는 자존심이 상
했을 것이다. 예전에 초가지붕을 보면 박을 키우는 경우

가 많았다. 할아버지는 순간 기지를 발휘해서 호박 타러

올라왔다고 둘러댔다고 한다.

◇◇◇◇◇◇◇◇

할아버지는 차마 부인에게 던져졌다는 말은 하지 못했

습니다. 남자로서의 자존심은 지키고 싶었던 것입니다. 성

산읍 수산리에서도 비슷한 이야기가 전합니다. 여기서는

할머니와 할아버지가 초가의 지붕을 바꾸는 작업을 하고

있었는데 할아버지가 자꾸 할머니가 일을 못한다며 타박

했습니다. 그러자 할머니가 할아버지에게 잠깐 내려오라

고 하고서는 할아버지를 잡아채 지붕에 던져 버렸다는 것

입니다.

제주 초가(성읍민속마을)

아내가 남편을 지붕에 던져 버리는 이유는 각양각색으로 나타납니다. 누구는 반찬 투정을 했고, 누구는 일하다 잔소리를 했다는 이유였습니다. 남편을 지붕에 던진다는 결말은 공통적입니다. 남편이 한 번 서운하게 했다고 아내가 남편을 지붕에 던지지는 않았을 것이니 그동안 쌓인 것이 결국 터졌다고 봐야겠습니다.

온평리에서 전하는 이야기는 조금 특이합니다. 조혼 풍습이 있던 때라 남편이 일곱 살에 불과한 어린아이였는데, 당연히 아직 철이 덜 들었을 것입니다. 아내가 집안일을 하고 있는데도 계속 따라다니며 귀찮게 하니, 참다 못한 아내가 어린 남편을 지붕 위에 던져 버렸다는 얘기입니다. 지붕 위에 올라간 남편은 놀라서 울음이 터지고 말았는데, 마침 그때 집에 온 남편의 부모가 지붕 위에 올라가 있는 아들을 목격합니다. 부모가 아들에게 왜 그러고 있느냐고 물었고, 아들은 자기 아내가 혼날까 염려되어 박을 타러 지붕에 올라왔다고 대답했다고 합니다.

호박을 타러 왔다는 대답은 앞선 이야기와 다르지 않았지만 의도가 달랐습니다. 자신의 자존심을 지키기 위해서가 아니라 아내를 생각하는 마음에서 그런 대답을 했다는 것입니다. 일곱 살이라는 나이의 순수한 마음이 엿보이는 대답입니다.

여성 장사의 힘을 꺾다

남성들의 입장에서는 이렇게 여성 장사의 승리로 끝나는 이야기가 탐탁지 않았을 수 있습니다. 그래서 앞선 이야기들과 조금 다른 결말을 보이는 이야기가 전합니다. 옛날 도평마을에 여자 장사가 많았다고 합니다. 여기서도 여자 장사의 대표 에피소드인 부인이 남편을 지붕에 던져 버리는 일이 있었는데, 남편에게 지붕 위에 올라간 이유를 묻자 다른 이야기에서처럼 호박을 타러 왔다고 했습니다. 보통은 이쯤에서 이야기가 끝나는데 여기서는 다르게 전개됩니다.

◇◇◇◇◇◇◇◇◇

지나가던 이웃이 남편의 말을 듣고는 지붕 위에 박이 하나도 없는데 무슨 소리냐고 하는 것이다. 당신 부인이 지붕 위로 던져 버린 것 아니냐며 정곡을 찔렀다. 남편이 자존심을 지키려고 한 거짓말을 꼼짝없이 들키고 말았다. 이웃 사람은 이런 일을 방지하는 방법이 있다고 말을 꺼냈다. 마을에 장군내라는 곳에 있는 장군석이 여장군석이고, 그 때문에 마을에 여자 장사가 많이 나온다는 것이었다. 그 돌을 없애면 앞으로는 같은 일이 없을 거라고 귀띔했다. 남편은 그 말을 듣고 마을 청년들과 함께 여장군석을 없애 버렸다. 이후부터는 마을에 여자 장사가 태어나지 않았다고 한다.

◇◇◇◇◇◇◇◇◇

날개 달린 장사 이야기에서 날개를 없애 버린 것처럼, 마을 남자들은 여성 장사의 힘의 근원을 제거해 버립니다. 남성의 입장에서 새로운 이야기가 덧붙은 것입니다. 여성 장사의 맥을 끊고 남성 중심의 질서를 유지하려는 의도가 엿보이는 대목입니다. 다른 이야기에서는 남성과 여성의 직접적인 힘 대결을 보여 주기도 합니다.

◇◇◇◇◇◇◇◇◇

거문덱이는 자신의 힘에 자신감이 있었다. 그래서 힘이 꽤 세다는 남자 형제의 이야기를 듣고 찾아갔다. 형

제 모두 힘이 셌지만 동생보다는 형이 좀 더 셌다. 거문
덱이는 물을 긷는다는 핑계로 형제가 있는 마을로 찾아
가 동생을 만났는데, 힘을 겨뤄 보려고 씨름을 하자고
했다. 동생과 거문덱이와의 대결에서는 거문덱이가 우
세했다. 그런데 나중에 만난 형과의 대결에서는 거문덱
이도 당하지 못하고 지고 말았다고 한다.

여성 장사인 거문덱이는 동생과의 대별에서는 우위를
보이다가 연이어 대결한 형과의 대결에서 패배하고 맙니
다. 하지만 거문덱이 혼자 두 명의 힘센 남성과 연이어 대
결한 것은 공정한 시합이라고 보기에는 무리가 있습니다.
어쨌든 여성 장사가 남성 장사에게 패배한 이야기로 마무
리됩니다. 이 이야기 역시 남성 우위의 상황으로 이야기를
맺으려는 의도가 엿보입니다.

　그래서 그런지 제주도의 남성 장사 이야기에서는 제주
밖으로 나가 도적을 잡거나 사나운 짐승을 잡으며 능력을
펼치는 이야기가 나타나지만 여자 장사의 이야기에선 그
런 내용을 찾아볼 수 없습니다. 더구나 조선시대 제주도에

는 출륙금지령이 있었습니다. 『인조실록』에는 "제주 濟州 에 거주하는 백성들이 유리 流離 하여 육지의 고을에 옮겨 사는 관계로 세 고을의 군액 軍額 이 감소되자, 비국이 도민 島民 의 출입을 엄금할 것을 청하니, 상이 따랐다."는 기록이 있습니다. 출륙금지령은 제주도민 전체를 대상으로 하고 있지만 진상품의 운송이나 육지부와의 교류를 이유로 섬 밖을 드나들었던 남성들과 달리 여성이 섬 밖으로 나가는 것은 거의 불가능했습니다.

인조는 인성군의 아내와 아들 다섯 명, 딸 둘을 제주에 유배 보냅니다. 그 중 이길 李佶·이억 李億·이급 李伋은 제주 여인과 혼인해 자식을 낳았습니다. 나중에 인성군 가족들은 유배지가 육지로 옮겨지고, 해배되었습니다. 그런데 인성군의 아들과 혼인한 여성들과 자식들은 제주에 남아 있었습니다. 인조는 "해평군 海平君 이길 李佶·해안정 海安正 이억 李億·해령정 海寧正 이급 李伋의 자녀가 제주에 살고 있다 하니 본도의 감사에게 하유하여 그들을 내보내게 하라."며 그들의 가족을 육지로 불러 올리는 이야기를 꺼냅니다. 여기에 더해 어머니들도 같이 올라오게 하면 어떻겠냐고 말합니다. 그런데 신하들이 반대하고 나섰습니다. "제주의 인물이 육지로 나오는 것을 금한 것은 곧 조종조로부터 내려온 고칠 수 없는 법입니다. 지금 성상의 하교가 아무리 친족의 우의를 돈독히 하는 성대한 뜻에서 나온 것이더라도 결코 그 어미들까지 육지로 내보낼 수는 없습니다. 국법이 이와 같으므로 감히 함부로 의논 드리지 못하겠습니다."라고 말입니다. 이런 와중에 여성 장사들이 섬 밖으로 나온다는 것은 꿈도 꾸기 어려웠을 것입니다. 오죽하면 배에 실을 수 없는 항목에 '여자'가 있었을까요.

새로운 여성 장사 이야기

제주의 여성 장사들의 이야기에서는 성공의 달콤함이나 실패의 비극성이 나타나지는 않습니다. 그녀들은 일상을 살아갈 뿐입니다. 그런데 강원도 영월에서 채록된 특별한 제주도 여성 장사의 이야기가 있습니다.

◇◇◇◇◇◇◇◇

제주도가 탐라국이었던 시절, 제주도로 사신을 보냈다. 그런데 사신들이 제주도에 가는 족족 살아 돌아오

지 못했다는 것이다. 그때 탐라국의 왕은 여성이었는데
천하의 장사였다. 사신이 제주도를 방문하면 왕은 사
신을 데리고 잠자리에 들었다. 그런데 왕이 잠결에 발길
질을 해서 어김없이 사신들이 맞아 죽고 만다는 것이다.
그러던 중에 한 사신이 제주도로 갔다가 드디어 무사히
돌아왔다. 사람들이 그 사신에게 어떻게 살아 돌아왔느
냐고 물었다. 사신은 등허리에 안반(떡을 칠 때에 쓰는
두껍고 넓은 판)을 짊어지고 갔다고 했다. 그 안반이 단
단한 무쇠로 만든 것이어서 탐라국의 여왕이 아무리 발
길질을 해도 부서지지 않았다고 한다. 덕분에 살아 돌아
올 수 있었다는 것이다.

◇◇◇◇◇◇◇◇◇

이 이야기에서는 제주도의 여자 장사가 탐라국의 왕으
로 등장합니다. 제주도에서조차 탐라국의 여왕에 대한 이
야기는 전하지 않습니다. 그런데 제주도와 멀찍이 떨어진
영월에서 이런 이야기가 채록되었다는 것은 어떤 의미일까
요. 제주도의 신화를 보면 남신보다 여신에 대한 이야기가
훨씬 많습니다. 또한 삼성 신화나 무속 신화에서 농경 문

화를 제주도에 유입하는 주체도 여성들로 나옵니다. 그러니 탐라국에서 여왕이 한 명쯤은 있음직합니다. 그러나 탐라국에 대한 사료가 워낙 없다 보니 상상만 할 뿐입니다.

제주의 여성 장사 이야기를 보면 주로 남성들과 비교해서 여성의 우위를 보여 주는 일화로 구성되어 있습니다. 왜 이런 여성 장사 이야기들이 전해졌을까요. 실제로 힘센 여성도 있었을 겁니다. 지금도 여성 역도 선수들을 보면 웬만한 남성들보다 무거운 바벨을 거뜬히 들어 올리는 모습을 볼 수 있으니 말입니다. 옛날이라고 해서 그런 여성이 없지 않았겠지요. 아무래도 과거에는 남성 위주의 사회 구조여서 여성들이 자신들의 목소리를 내지 못했을 겁니다. 전설에서나마 여성 장사가 남성과의 대결에서 승리하는 이야기를 들으며 여성들은 통쾌함을 느끼지 않았을까요.

드라마 〈힘쎈여자 도봉순〉의 후속작으로 〈힘쎈여자 강남순〉이 방영되었습니다. 모계 혈통으로 힘이 이전된다는 설정은 동일합니다. 하지만 후속작임에도 도봉순과 강남순의 성격은 다르게 그려집니다. 도봉순이 자신의 힘을 숨기려고 했다면 강남순은 자신의 힘을 숨기지 않습니다. 여성에 대한 고정관념이 점점 달라지고 있음이 콘텐츠에도 반영된 것입니다.

　꼭 힘이 센 여성이 아니라도 각 분야에서 두각을 보인 여성들에 대한 관심이 늘어나고 있습니다. 어려움 속에서 자신의 의지를 잃지 않았던 여성들 또한 힘이 센 장사나 다름없는 인물들입니다. 그동안 잘 알려지지 않았던 여성 독립운동가들에 대한 관심이 좋은 사례가 될 것입니다. 제주에서도 최정숙, 강평국, 고수선과 같이 일제강점기에 활약한 여성에 대한 재조명이 활발히 진행되고 있습니다. 시대를 초월해 강인함을 보여 주었던 여성 장사들의 이야기. 그녀들의 이야기가 훨훨 날아오르길 기대해 봅니다.

아홉 번째 이야기
강렬한 눈빛의 소유자

아홉 번째 이야기

강렬한 눈빛의 소유자

일반인의 능력을 뛰어넘어 특별한 능력을 가지고 있는 사람을 초능력자라고 합니다. 숟가락을 구부리는 능력에서부터 다른 사람의 생각을 읽어내는 비범한 능력, 심지어 시간을 되돌리는 초월적인 능력까지 다양한 초능력을 보여 주는 캐릭터들을 문화 콘텐츠에서 만날 수 있습니다. 슈퍼맨처럼 유전으로 엄청난 능력을 타고난 능력자도 있고, 헐크나 스파이더맨처럼 평범한 인간이었다가 특별한 계기로 능력을 얻은 경우도 있습니다. 그중에서도 눈의 힘이 남다른 존재들이 있습니다. 눈을 마주치는 순간 상대를 돌로 변하게 하는 메두사처럼 말이죠. 제주 전설에도 눈빛만으로 상대방을 꼼짝 못 하게 만들었던 인물 이야기가 전합니다.

호랑이를 닮은 눈

사람의 강렬한 눈빛을 호랑이 눈에 비유하곤 합니다. 그런 눈빛을 가진 사람을 대면하면 왠지 모르게 시선을 피하게 되고 움츠러들곤 합니다. 듣기로는 제주에는 호랑이가 없었다고 하지만, 호랑이를 닮은 눈을 가진 이들이 있었다고 합니다. 대표적인 인물이 구좌읍 한동리에 살았다는 범천총입니다. 범천총은 키가 아주 크고 체격이 좋았는데, 무엇보다도 매서운 눈을 가지고 있어서 마치 호랑이 같았다고 합니다. 호랑이와 같은 눈을 가지고 있고, 천총 벼슬을 했다고 해서 범천총이라 불렸습니다. 범천총의 눈을 똑바로 쳐다봤다가는 그 자리에서 기절할 정도였다고 합니다. 그의 강렬한 눈빛에 혼이 난 이들은 누구였을까요.

용맹한 호랑이
(국립중앙박물관 소장, 출처: e뮤지엄)

◇◇◇◇◇◇◇◇◇

육지 물건들을 가져다가 제주에 파는 봇짐장수가 있
었다. 이 장수는 집집마다 돌아다니면서 물건 흥정을 하
곤 했다. 봇짐장수가 어느 날 범천총네 집에 들렀다. 범
천총은 방 안에 있었는데, 봇짐장수가 다소 건방진 말
투로 "물건 사시오" 하고 소리쳤다. 범천총 입장에선 공
손히 해도 살까 말까인데 사람을 무시하는 말투가 거
슬렸다. 기분이 상한 범천총은 방문도 열지 않고 딴 데
가서 알아보라고 거절했다. 그런데 이 봇짐장수도 자존

심이 셌던지 사람이 말하는데 문도 안 열어 주고 거절하니 기분이 상했다. 그래서 더 큰 소리로 몇 번이나 물건을 사라고 재촉했다. 결국 화가 난 범천총이 문을 확 열고 눈을 부릅떴다. 범천총의 눈을 본 봇짐장수는 그대로 기절하고 말았다고 한다.

◇◇◇◇◇◇◇◇◇

봇짐장수는 범천총에게 말을 잘못 걸었다가 그의 무시무시한 눈빛에 된통 당하고 말았습니다. 범천총의 자존심을 건드린 대가를 치른 것이죠. 하지만 강렬한 눈빛이 꼭 좋은 것만은 아니었습니다. 범천총 입장에서도 나름 고충이 있었습니다. 곡식을 말리려고 마당에 널어놓으면 닭들이 와서 쪼아 먹곤 하는데 범천총이 닭을 쫓아내려다가 자칫 잘못해서 닭과 눈이 마주치면 그의 눈빛을 견디지 못한 닭이 바로 죽어 버렸다는 겁니다. 그래서 범천총은 하루 종일 눈을 감고 막대기만 휘저었다고 합니다. 닭을 쫓는 건 평범한 사람이라면 간단히 할 수 있는 일이었지만 범천총으로선 특별한 능력이 오히려 방해가 되었던 것입니다.

범천총의 눈빛은 닭에게 무시무시한 죽음의 눈빛이었

을 겁니다. 눈빛만으로 상대방을 죽음에 이르게 하는 존재로 〈해리포터와 비밀의 방〉에 등장하는 거대한 뱀 바실리스크가 있습니다. 호그와트 마법학교 지하의 비밀 공간에 살고 있는 바실리스크는 수백 년을 산 뱀인데 눈을 마주친 상대는 그대로 죽음에 이른다고 합니다. 웹툰 〈타이밍〉에 나오는 양성식 형사도 눈을 보는 것만으로 죽음에 이르게 하는 저승사자로 등장하죠. 그래서 늘 선글라스를 끼고 다닙니다. 혹시나 실수로 눈이 마주쳤다가는 상대가 바로 황천길로 가 버릴 테니까요.

범천총의 눈이 단순히 강렬하기만 한 건 아니었습니다. 사물의 본질을 꿰뚫어 보는 능력도 있었습니다. 이는 범천총이 백년 묵은 여우를 잡은 이야기에 잘 나타납니다. 어느 날 밤 범천총이 말을 타고 집으로 돌아오는데 한 여인을 만나 동행하게 되었습니다. 범천총은 그 여인이 사람을 잡아먹는 여우임을 단번에 눈치챕니다. 그래서 말 뒤에 태운 뒤 꼼짝 못 하게 묶어 버리고 집에 도착하자마자 풀어 놓으니 기르던 개들이 여우에게 달려들어 잡았다고 합니다. 범천총이 여인으로 변장한 여우의 정체를 알아챌 수 있었던 것도 범상치 않은 눈 때문이었을 겁니다.

제주목사를 혼내 주다

영화 〈X맨〉의 사이클롭스는 눈을 뜨면 강력한 광선이 발사됩니다. 그 광선에 맞으면 모든 것이 녹아내리지요. 악당과 싸울 때는 강력한 무기가 되지만 평소에는 본의 아니게 주변 사람들에게 피해를 줍니다. 그래서 그는 눈의 광선의 힘을 조절하는 특수 안경을 항상 쓰고 다닙니다. 안광을 조절하는 특별한 장치가 없는 범천총이 다른 사람들에게 피해를 주지 않는 방법은 눈을 감거나 고개를 숙여 눈을 마주치지 않는 것밖에 없었습니다. 그런데 범천총보다 신분이 높은 사람이라면 이런 행동을 어떻게 받아들였을까요?

◇◇◇◇◇◇◇◇

범천총의 눈빛이 강렬하다는 이야기는 제주목사의 귀에도 들어간다. 제주목사는 자기 앞에서도 그런지 한번 보자고 범천총을 불러들였다. 범천총은 제주목사 앞에 서게 되었는데, 눈을 감고 제주목사 앞에 나섰다. 제주목사가 왜 눈을 감고 있느냐고 물으니 범천총은 눈을 뜨면 목사님이 놀랄까 봐 눈을 감고 있다고 말했다.

제주목사는 자신을 무시하는 것 같아 어느 안전이라고 눈을 감느냐면서 눈을 뜨고 말하라고 다그쳤다. 그 말을 들은 범천총이 눈을 확 뜨려고 하다가 제주목사가 너무 놀랄 것을 생각해서 절반만 슬쩍 눈을 떴다. 그 순간 범천총과 제주목사의 눈이 딱 마주쳤다. 제주목사는 범천총의 눈빛에 깜짝 놀라서 황급히 다시 감으라고 하고 말았다.

또 다른 이야기에서는 제주목사의 아들이 제주에 내려왔다가 범천총의 집을 방문하게 되었다. 제주목사는 아들에게 범천총을 만나면 손을 이마에 대고 눈을 똑바로 쳐다보지 말라고 당부했다. 제주목사의 아들은 동네 촌로를 상대로 그렇게 하는 것이 좀 못마땅했다. 그래서 목사의 충고도 무시하고 범천총의 집에 무작정 들어갔는데, 집 안에 있던 범천총이 어떤 놈이 인사도 없이 들어오냐고 눈을 크게 뜨니까 목사 아들은 가슴이 철렁해서 고꾸라졌다고 한다.

◇◇◇◇◇◇◇◇◇

자신보다 신분이 높은 사람 앞에서 눈을 감는 것은 자

칫 오해를 불러일으키기 쉬운 행동입니다. 상대방이 자신을 무시한다고 여길 수 있으니까요. 사실 범천총 입장에서는 자신의 눈빛에 놀라는 것을 막기 위해 배려하는 행동이었죠. 제주목사는 범천총의 말을 무시했다가 호되게 당하고 말았습니다.

범천총의 또 다른 에피소드는 제주목사의 순력 巡歷과 관련돼 있습니다. 제주목사가 부임하면 제주도를 한 바퀴 돌아보는 순력을 했습니다. 제주목사의 이동이니 온 제주가 들썩였을 것입니다. 대정현감과 정의현감은 물론 각 진을 담당하던 관리들도 혹시나 흠 잡히지 않을까 만반의 준비를 갖추려 했을 겁니다. 순력 행차에는 많은 인원이 동원되었다고 합니다. 예전에는 길이 제대로 닦여 있지 않았으니 순력 행차를 하면서 밭의 지름길을 지나는 경우도 있었습니다. 그렇게 행차가 한 번 지나가면 밭이 쑥대밭이 되곤 했죠. 범천총은 장인의 밭으로 순력 행렬이 지나는 것을 막기 위해 순력 행차를 기다렸다가 눈을 번쩍 떠서 행차의 경로를 바꾸었다고 합니다.

이야기에서 보듯 범천총은 눈빛으로 제주목사를 한 방에 제압해 버립니다. 제주목사 중에는 선정을 베푼 사람도 있지만 그렇지 못한 사람도 많았습니다. 악명 높았던 대표적인 인물로 광해군 때 제주목사를 지낸 양호를 들 수 있습니다. 양호는 밤낮으로 손재주 좋은 장인들을 불러서 온갖 물품을 만들게 했다고 합니다. 그것이 너무 힘들어 장인들이 스스로 손가락을 자르는 경우도 있었다고 합니다. 그러면 더 이상 일을 하지 않아도 되었으니까요. 결국 양호는 "명주明珠와 양마良馬를 남김없이 거두어 가고, 심지어 읍기邑妓의 머리카락을 잘라다 궁궐에 바쳐 수식하는 데 쓰도록 하는 등" 문제적인 행동을 해서 제주목사에서 쫓겨납니다. 이런 관리가 비단 양호만은 아니었을 겁니다.

제주목사의 평균 부임 기간이 1년이 조금 넘었다고 하니 부임하고 적응할 만하면 떠나는 상황이 반복되었습니다. 제주목사는 대체로 출세를 위해 진상품 조달에 매달렸고, 제주 사람들은 수탈의 대상이 될 수밖에 없었습니다. 섬이라는 지리적 조건 때문에 관리들에 대한 감시는 소홀할 수밖에 없었고, 반면에 제주에서 올리는 진상품들은 종류와 수가 다양했으니 제주 백성들의 부담은 매우 컸습니다. 제주목사는 임기 동안 잠시 다녀가는 것이지만 제주 사람들은 조선시대 내내 수백 년 동안 반복해서 겪는 일이었습니다. 그러니 아무래도 제주 사람들 마음에는 권력자에 대한 불만이 쌓여 있었을 겁니다. 제주목사의 권위에 누구도 불만을 이야기하기 어려운 상황에서 전설 속에서라도 제주목사의 기세를 꺾는 범천총을 통해 대리만족을 느끼지 않았을까요.

마을의 분쟁을 해결하다

범천총은 제주목사도 함부로 할 수 없었다고 하니 마을에서도 인정받는 인물이었을 겁니다. 그는 마을의 해결사로 나서기도 했는데, 이웃 마을과 바다의 경계를 구분하는 데 일조했습니다.

◇◇◇◇◇◇◇◇

범천총이 살았던 한동리의 바닷가에 시신이 자주 떠밀려 오곤 했었다. 한동리 사람들은 매번 시신을 처리하고 장례를 치러 주곤 했는데 이런 일이 자주 일어나니 마을 골칫거리 중 하나였다. 어느 날 범천총이 직접 문제를 해결하겠다고 나섰다. 그 바닷가는 한동리와 행원리의 경계가 되는 곳이었다. 범천총은 행원 사람들을 모아 놓고 시신이 자주 떠오르는 바닷가는 이제부터 당신네 바다니 가져가라고 선포해 버렸다. 행원리 사람들은 범천총의 기세에 눌려 그렇게 할 수밖에 없었다. 그래서 그 바다는 행원리 소유가 되었고, 한동리 사람들은 더 이상 시신을 치우지 않아도 되어 범천총에게 고마워했다고 한다.

◇◇◇◇◇◇◇◇◇

바닷가 마을 사람들은 배를 타고 바다에 나갔다가 험한 파도에 휩쓸려 목숨을 잃는 경우가 종종 있습니다. 어떤 시신은 해류를 따라 제주도 해안가로 흘러오기도 했을 것입니다. 그렇게 해안가에 시신이 떠오르면 누군지 알 수 없어도 그냥 둘 수 없으니 수습해야 했는데 예전에는 그 바다를 끼고 있는 마을에서 시신을 거두어다 장사 지내 주었다고 합니다. 마을마다 육지의 경계가 있듯이 바다에도 경계가 있었죠. 각 마을에 소속된 해녀들은 암묵적으로 구분된 마을 바다의 경계 안에서만 작업할 수 있었습니다. 일반 사람들을 알 수 없지만 바닷속 특이한 지형이나, 마을 간의 협의에 따라 그 경계가 오랫동안 이어져 왔습니다. 대신에 해산물을 캐는 권리가 주어진 만큼 마을 바다를 관리해야 할 의무도 뒤따랐습니다. 그러니 해안가에 떠오른 시신 처리도 그 마을의 몫이 되었던 것입니다.

범천총이 나서 준 덕분에 마을 사람들은 시신을 처리하는 일이 줄어들어 도움을 받게 되었습니다. 그런데 새옹지마塞翁之馬라고 당시에는 그 바다에서 나는 해초가 별로 도움이 되지 않았는데 나중에는 그 해초가 수익원이 되었다고 합니다. 해서 범천총 덕분에 바다를 갖게 된 행원마을이 큰 수익을 얻게 되었다는 것입니다. 범천총의 특별한 눈이 미래를 볼 수 있는 것은 아니었나 봅니다.

또 다른 이야기에서는 마을에서 내는 세금을 없애 주었다고도 합니다. 그 방법이 기발합니다. 제주목사를 만나는 자리에 범천총이 점심으로 무를 싸 갔는데 잘 삶은 것과 삶지 않은 것 두 개를 가져갔습니다. 점심때가 되었고, 범천총은 삶은 무를 꺼내 맛있게 먹었습니다. 그 모습을 보고 있던 제주목사가 자신도 한번 먹어 보자고 하자 삶지 않은 것을 건네주었던 겁니다. 제주목사가 그것을 먹고는 너무 맵고 써서 먹지 못하겠다고 혀를 내둘렀습니다. 그러면서 백성들이 이런 무를 먹고 사는 것을 측은하게 여겨 그해 세금을 탕감해 주었다고 합니다.

제주목사가 진실을 알았다면 자신을 속인 죄를 물어 범천총을 가만두지 않았을 겁니다. 다소 위험한 일이었지만 범천총은 아마도 자신의 강력한 눈을 믿고 그런 일을 벌였을 겁니다. 이렇게 범천총은 마을의 어려움을 처리하는 해결사로서의 역할도 담당했습니다.

되돌려받은 벌

제주목사도 함부로 할 수 없었다는 범천총. 그러니 그의 말이 통하지 않는 곳이 없었을 겁니다. 그런 점이 범천총에게 좋지 않은 영향을 미치기도 합니다. 다른 사람의 충고를 받아들이지 않고 자신의 주장만을 내세우게 될 수 있기 때문입니다. 그러다 보면 자칫 잘못된 판단을 내릴 때도 있기 마련이죠. 범천총도 주변의 말을 무시했다가 큰 봉변을 당한 이야기가 전합니다.

함덕에 큰 신당이 있었는데, 이곳 기운이 세서 말을 타고 지나가면 말이 걷지 못하게 된다는 소문이 돌았다. 어느 날 범천총이 말을 타고 이 당 앞을 지나려는데 주변 사람들이 말에서 내려 걸어가야 한다고 했다. 범천총은 충고를 무시한 채 말을 타고 지나가려 했다. 그런데 갑자기 말이 절뚝거리더니 고꾸라지는 것이었다. 화가 난 범천총이 그 신당의 심방(무당)을 불러 다그쳤다. "당신이 굿을 해서 누워 있는 깃대를 세우면 여기에 신이 있는 것이고, 못 세우면 없는 것이다."라고 엄포를 놓으면서 굿을 해 보라고 했다. 심방은 범천총의 기세에 어쩔 수 없이 굿을 하기 시작했는데, 깃대가 일어서는 듯하다가 쓰러지고 말았다. 그러자 범천총이 거봐라 신이 없지 않느냐 하면서 당에 불을 질러 버렸다고 한다.

◇◇◇◇◇◇◇◇◇

제주 전설 중에는 신기가 센 신당 앞에서는 말에서 내려서 가야 한다는 이야기가 곧잘 전합니다. 그렇지 않으면 말이 제대로 걷지 못하게 된다는 겁니다. 대표적인 신당이 대정현에 있었다는 광정당입니다. 함덕에 있었던 신당도 신기가 강한 곳이었는데 범천총은 주변의 말을 듣지 않았죠. 범천총은 사람들의 말을 믿지 않고 심방에게 당의 영험함을 증명하라면서 깃대를 세우게 합니다. 이런 유형의 이야기는 제주목사와 심방의 갈등을 보여 주는 전설에서 자주 나타나는 에피소드입니다.

특히 18세기 초 제주목사로 부임한 이형상과 관련한 전설에서 찾아볼 수 있습니다. 이형상은 재임 중에 신당 500군데를 없앴다고 전합니다. 이형상 목사는 신당의 영험함을 증명하지 못하면 불태워 버렸다고 하고, 심방이 굿으로 불러낸 뱀을 죽였다고도 합니다. 〈탐라순력도 건포배은〉이라는 그림을 보면 임금을 향해 절하는 사람들 뒤로 한라산 중산간 신당이 불타는 장면이 그려져 있습니다. 그림 아래에는 신당 129곳을 불태웠다고 적혀 있습니다. 무속을 미신으로 여기고 없애려 했던 목민관을 상징하는 인물이 이형상 목사인 것입니다. 범천총 전설에서는 제주목사 대신 범천총이 신당을 없애는 역할을 하고 있는 것이죠. 그런데 이야기는 여기서 끝나지 않습니다. 범천총은 신당을 없앤 대가를 톡톡히 치르고 맙니다.

◇◇◇◇◇◇◇◇◇◇

범천총이 제주성에서 볼일을 보고 한동리로 돌아오
다 보니 자기 앞에 어떤 여인이 걸어가고 있는 것이었다.
그런데 범천총이 말을 빨리 달려도 따라잡을 수 없고,
말을 늦춰도 같은 거리를 유지했다. 범천총은 앞서가는
여인이 평범한 사람이 아님을 눈치챘다. 범천총이 사는
마을에 거의 도착하니 여인이 잠시 쉬었다. 범천총은 어
디를 그렇게 가느냐고 물었다. 여인이 말하기를, 얼마
전에 범천총이 함덕리 당에 불을 질러 화가 난 옥황상제
가 범천총네 집에 불을 내고 오라고 했다는 것이다. 놀
란 범천총은 자신이 범천총이라면서 잘못했다고 엎드
려 빌었다. 그러곤 집은 태워도 좋으니 짐들만이라도 꺼
낼 수 있게 시간을 달라고 청해서 겨우 허락을 받았다.
급히 달려간 범천총이 동네 사람들을 불러 모아 짐들을
밖으로 옮겨 달라 부탁했다. 한참 짐을 날라 모두 꺼내
놓았는데 아무 일도 일어나지 않았다. 그런데 누군가 담
배나 피우자고 부싯돌을 부딪치는 순간 불이 번쩍하더
니 범천총의 집 귀퉁이에 불이 붙어 버렸다. 불길은 삽시
간에 범천총의 집을 태웠다. 사람들이 불을 끄려고 달려

들자 범천총은 그냥 두라고 했다. 자신의 잘못 때문에
벌을 받는 것을 알고 있었기 때문이다.

◇◇◇◇◇◇◇◇◇

금기를 건드리면 동티가 난다고 합니다. 신을 노하게 한
대가로 좋지 않은 일을 겪게 된다는 것입니다. 범천총의 집
이 불에 탄 이유 역시 동티가 났기 때문이었습니다. 혹시
누군가가 담배를 피우려 하지 않았다면 불이 나지 않았을
까요? 그렇지는 않았을 겁니다. 다른 어떤 행동을 했더라
도 결국 불이 나고 말았을 것입니다.

뱀을 퇴치하는 제주목사(금능석물원)

또 다른 전설에서는 범천총 집이 불에 탄 이유가 김녕굴의 뱀을 없애서였다고 합니다. 옛날 김녕굴에는 거대한 뱀이 살고 있어 사람들의 농사를 방해했다고 합니다. 그래서 마을에서는 처녀를 바치고 제를 지내야 했죠. 이 이야기를 들은 범천총이 나서서 뱀을 퇴치했다는 겁니다. 범천총이 직접 나서지는 않고 제주목사의 꿈에 나타나 뱀을 처치한 뒤에 절대 뒤를 돌아보지 말라고 했다는 이야기도 있습니다. 그런데 김녕굴의 뱀을 처치한 사람은 서련 판관으로 알려져 있습니다. 김녕굴 입구에는 서련 판관을 기리는 비석노 세워져 있습니다.

제주목사 앞에서도 위풍당당하게 자신을 내세우던, 제주 백성들을 위해 제주목사를 설득하던 범천총이 제주목사의 대역으로 전설에 등장을 하는 것을 어떻게 바라봐야 할까요?

호랑이 눈을 가진 사람들

육지부에서도 눈빛이 범상치 않은 이들의 이야기가 전합니다. 우리가 익히 알고 있는 퇴계 이황도 안광이 강해 평소에 눈을 감고 있었다는 전설이 전합니다. 또, 경남 을주(울산 지역)에서 채록된 '빌어 낳은 아들' 이야기에서는, 김남암이란 사람의 부모가 아이를 얻기 위해 백일기도를 하러 다녔는데 호랑이가 어머니를 업어다 주었다고 합니다. 그렇게 태어난 아이가 김남암이었는데 눈이 호랑이처럼 범상치 않았다는 겁니다. 김남암이 훗날 관직에 나아가 정승이 되었는데, 임금 앞에서 안질을 핑계로 눈을 감고 있었다고 합니다. 하지만 눈을 떠 보라는 왕의 명령에 할 수 없이 눈을 떴는데 그의 눈을 보고 임금이 깜짝 놀랐다고 하죠. 충남 서천에서 조사된 '안광이 강렬한 송구봉' 전설에서도 송구봉이라는 사람의 안광이 강해 임금 앞에서 고개를 숙이고 있었다고 합니다. 제주 전설 속 제주목사와 범천총 사이에서 일어난 일이 육지부 전설에서는 임금 앞에서 일어난 것으로 묘사되고 있습니다.

범천총처럼 눈빛으로 사람들을 제압한 인물이 서귀포 중문에도 있었다고 합니다. 바로 이좌수라는 인물입니다. 이좌수 역시 키가 팔 척이나 되고 체격이 좋았고, 눈이 호랑이처럼 부리부리하게 빛났다고 합니다. 이좌수의 전설들은 앞서 소개한 범천총과 매우 유사한 성격을 보입니다.

우선 제주목사와 힘겨루기를 했던 에피소드입니다. 대정현의 관원이었던 이좌수는 제주목사가 순력을 오자 눈을 감고 목례만 했다고 합니다. 제주목사가 이좌수의 태도를 지적하자 눈을 번쩍 떴고, 이때 목사가 놀라 다시 눈을 감으라고 하고 순력을 일찍 끝내고 돌아갔다고 합니다. 그 덕분에 대정고을 사람들이 순력을 준비하는 고생을 덜했다는 겁니다. 또 이좌수가 범천총처럼 마을 사람들의 어려움에 총대를 메고 나선 이야기도 있습니다.

◇◇◇◇◇◇◇◇

당시 제주에는 한라산을 중심으로 목장이 즐비했고, 그곳에서 국마를 기르고 있었다. 목장은 상장, 하장으로 나뉘어 있고, 올해 상장에서 말들을 방목하면 이듬해에는 하장에서 말을 방목하는 방식이었다. 대신에 상장에서 말을 방목할 때는 가난한 사람들이 하장에서 농사를 짓도록 허락해 주고 세금처럼 곡식을 받았다. 악덕 관리들은 상장에 문제가 없는데도 목사를 속여 하장의 담을 헐게 하고, 백성들에게 뇌물을 요구했다. 신임 목사는 국마를 제대로 키워야 한다는 압박 때문에 관원들의 말을 믿고 명령을 내렸다. 이좌수가 근무할 때도 국마가 잘 자라고 있음에도 하장의 담을 헐라는 명령이 내려왔다. 이좌수는 팔순 노인이 곡식을 잃고 통곡하는 모습을 보고 명령을 따르지 않았다. 그리고 제주목사를 찾아가 사정을 설명했다. 제주목사는 이좌수의 강렬한 눈빛에 압도되어 그의 말을 듣고는 자신을 속인 관원들을 잡아들였다.

◇◇◇◇◇◇◇◇◇

이좌수는 제주목사에게 농사짓는 백성의 어려움을 전하고 부정을 저지른 관원들을 고발합니다. 세부 내용은 다르지만 백성의 어려움을 해소하기 위해 앞장선 점은 범천총과 비슷합니다. 그리고 이좌수 역시 범천총처럼 사람을 해치는 여우를 잡았다는 이야기도 전합니다. 두 인물의 이야기는 실존 인물을 모델로 하고 있다고 합니다. 범천총은 김용우라는 인물이고, 이좌수는 이최영이라는 인물이라고 전합니다.

이좌수가 사람을 잡아먹는 여우를 한눈에 알아본 것도, 앞서 범천총이 옥황상제의 명을 받고 불을 지르러 가는 여인의 비범함을 눈치챈 것도 범상치 않은 눈을 가졌기 때문일 겁니다. 이처럼 강렬한 눈빛을 가진 인물의 비슷한 이야기가 제주시와 서귀포에 전하는 것은 권력의 불의에 눈감지 않고 당당하게 맞선 사람들에게서 호랑이 같은 기운을 느꼈기 때문이 아닐까요. 제주목사 앞에서도 기죽지 않고 제주 사람들을 위해 용기를 냈던 그들의 눈은 누구보다 빛났을 것이기에 말입니다.

열 번째 이야기
기지발랄 재담꾼

열 번째 이야기
기지발랄 재담꾼

봉산탈춤에는 말뚝이가 등장합니다. 말뚝이는 천한 신분이지만 말재주로 양반들을 골려 줍니다. 어리숙한 양반들은 말뚝이가 자신을 높여 주는 것으로 생각하지만 그 이면에는 양반들을 희롱하면서 그들의 허세를 비꼬는 의도가 숨어 있습니다. 신분제 사회에서 자신보다 신분이 높은 사람을 놀림의 대상으로 삼는 것은 위험천만한 일입니다. 하지만 가상의 이야기가 펼쳐지는 놀이판에서는 그런 행동이 허용되곤 했습니다. 제주 전설에도 말뚝이와 비슷한 성격을 보여 주는 변인태라는 인물이 있습니다. 변인태는 자신보다 높은 관리들을 기발한 발상으로 속였다고 합니다. 말재주로 사람들을 쥐락펴락했던 변인태는 어떤 인물이었을까요.

감쪽같은 거짓말

변인태는 서귀진에 속한 노비였습니다. 공문을 전달하거나 관리의 식사 준비를 맡았지요. 그는 무척이나 꾀가 많았습니다. 앞서 소개한 고전적, 진좌수 등이 자신이 가진 능력으로 사람의 병을 고치고, 명당 자리를 찾아서 사람들에게 도움을 주었다면, 변인태는 그럴듯한 말로 사람들을 속였습니다. 변인태가 거짓말을 잘한다는 것은 온 동네에 소문이 파다했습니다. 그의 거짓말 실력은 어땠을까요.

◇◇◇◇◇◇◇◇

어느 날은 변인태가 볼일이 있어 정의고을에 갔다. 그때 봉수대를 지키는 이들이 밭에 앉아서 검질(김)을 매고 있었다. 그들은 지나가는 변인태를 부르고서는 자네가 거짓말을 잘한다고 하던데 거짓말이나 한번 해 보라고 했다. 변인태는 정색을 하면서 서귀진에 왜적의 배가 들어와서 난리가 났다는 것이었다. 자기는 정의현감에게 급히 연락을 해야 한다면서 바삐 가 버렸다. 그 말을 들은 사람들은 검질매던 것을 멈추고 황급히 봉수대에 올라 신호가 오기를 기다리고 있었다. 그런데 아무리 기다려도 주변 봉화에서는 소식이 없었다. 그러다 날이 저물었다. 그때가 되어서야 사람들은 변인태에게 속았다는 생각이 번뜩 들었다. 시간은 이미 늦어 밭에 다시 나가 볼 수도 없었다. 다들 화를 내며 마을로 돌아와 변인태에게 왜 그런 거짓말을 했냐고 따졌다. 그러자 변인태는 당신들이 거짓말을 해 보라고 하지 않았냐며 능청스럽게 답했다. 마을 사람들은 변인태의 말에 아무 말도 못 했다.

◇◇◇◇◇◇◇◇◇

변인태의 유명세를 시기한 사람들은 갑자기 거짓말을 시켰을 때 당황하는 변인태의 모습을 내심 기대했을 겁니다. 자기들은 변인태의 거짓말에 당하지 않을 거라는 자신감도 있었을 테지요. 변인태는 사람들의 무례한 요구에도 순간적 기지를 발휘해 왜적이 침입했다는 거짓말을 생각해냅니다. 결국 마을 사람들은 꼼짝없이 변인태의 거짓말에 당하고 맙니다. 변인태의 거짓말이 효과를 거둔 이유는 실제로 왜적들이 제주 사람들에게 위협이 되었기 때문일 겁니다.

1552년(명종 7년) 성산읍 신천리 지경의 천미포로 왜적이 침입했습니다. 당시 제주목사 김충렬 金忠烈 이 조정에 올린 글을 보면 70여 명이 상륙하여 사람들을 해치고 재물을 약탈해 갔다고 합니다. 제주목사는 관군을 동원해 싸웠습니다. 그런데 왜적의 일부는 한라산으로 도망갔다가 배를 빼앗고 탈출합니다. 이 일로 김충렬과 정의현감 김인 金仁 은 왜적을 방비하지 못했다는 이유로 유배까지 떠납니다.

하지만 1555년(명종 10년) 다시 왜적들이 대규모로 침입합니다. 왜선 40여 척이 제주 앞바다에 정박했다는 제주목사 김수문의 보고로 을묘왜변의 서막이 올랐습니다. 6월 27일, 왜구는 화북포에 상륙하여 제주성을 공격했습니다. 그리고 제주성 동문과 산지천 사이의 높은 언덕에 진을 쳤고, 3일 동안 동문을 공격하며 화살을 쏘아댔습니다. 김수문 목사는 70명의 효용군 驍勇軍 을 선발해 적진을 공격했습니다. 김직손, 김성조, 이희준, 문시봉이 말을 타고 돌격해 왜적을 무너뜨렸고, (이들을 치마돌격대 馳馬突擊隊 라고 합니다.) 대첩을 거두었습니다.

이런 일들이 있었으니 왜적의 침입은 제주 사람들에게 목숨이 달린 사안으로 각인되었을 것입니다. 제주도 해안가의 오름에는 봉수대가 있었고, 오름과 오름 사이 해안가에는 연대(횃불과 연기로 긴급한 소식을 전하던 통신 수단)를 만들어 변고가 생기면 봉화를 올려 재빨리 연락을 취했습니다. 변인태의 말대로 왜적이 침입했으면 당연히 가까운 곳에서 봉화를 올려 주변에 연락했을 것이고, 그러면 사람들 입장에서는 큰 비상사태였을 것입니다. 가벼운 거짓말 정도를 예상했던 사람들에게 상상할 수 없을 정도의 거짓말을 하여 꼼짝없이 속아 넘어가게 한 것입니다.

천미연대

또 다른 이야기에서는 바다에 멜(멸치)이 많이 들어서 멜 잡으러 가는 중이라 바쁘다고 거짓말을 하기도 합니다. 사람들은 그 말을 듣고 멜을 잡으러 바다로 달려갔지만 변인태의 거짓말이었던 것이죠. 먹을 것이 귀하던 시절이었으니 제주 사람들은 멜이 해안가로 밀려들어 썰물에 나가지 못하고 돌담에 갇히면 그것을 잡아 다양한 음식으로 만들어 먹었습니다. 그러니 멜 들었다는 소리에 솔깃했던 것입니다.

한 이야기에서는 생명과 직결되는 안보의 문제로, 다른 이야기에서는 먹을 것으로 사람들을 들었다 놨다 했던 변인태의 거짓말 실력은 이미 사람들 머리 꼭대기에 있었던 것 같습니다.

치밀한 계획을 세우는 전략가

변인태의 능수능란한 말재주에 사람들은 자신도 모르게 속고 맙니다. 그런데 변인태는 단순히 거짓말만 잘하는 것이 아니었습니다. 그는 자신이 내뱉은 말을 실현하기 위해 오랫동안 치밀한 계획을 세우는 면모도 보여 줍니다.

심지어 제주목사마저도 이용하면서 말이죠.

◇◇◇◇◇◇◇◇◇

어느 날 변인태는 일주일 내로 제주목사에게 절을 받으면 소 한 마리를 주겠다는 내기를 받았다. 변인태는 그 내기에 응했지만, 제주목사에게 절을 받는 일은 불가능에 가까웠다. 닷새 동안 변인태는 아무런 행동도 하지 않았다. 6일째 되는 날, 목사가 거주하는 동헌의 책방에서 불이 났다. 변인태는 목사를 찾아가 "목사님, 불이 난 이유는 치성을 드리지 않아서입니다."라고 말했다. 목사는 불안해하며 "어떤 치성을 말하는 것이냐?"고 물었다. 변인태는 "큰 나무 아래 있는 당에 치성을 드려야 합니다. 그렇지 않아서 신이 노해 불이 난 것입니다."라고 설명했다. 목사는 그 말을 믿고 제물을 차려 당으로 찾아갔다. 변인태는 내기 상대에게 "오늘 목사가 나에게 절을 할 것이니 나무 아래로 나오라."고 했다. 목사가 나무 앞에서 제물을 올리고 절을 할 때, 변인태는 나무 위로 올라가 목사의 절을 받았다.

◇◇◇◇◇◇◇◇◇

사실 제주목사가 절을 한 대상은 신당에 모시는 신이지 변인태가 아니었습니다. 엄연히 따지면 변인태는 내기에서 진 것입니다. 그렇지만 변인태가 나무에 올라가 있는 동안 제주목사가 나무에 절을 하는 모양새니 변인태에게 절을 했다고 우겨도 할 말이 없습니다. 제주목사는 자신도 모르게 변인태를 도와준 꼴이 되고 만 것입니다. 이렇게 변인태는 제주목사의 심리를 교묘하게 이용해 내기에서 이긴 것이죠.

　영화 〈기생충〉에서 미술학과 지망생인 기정은 제시카라는 가명과 위조한 증명서를 이용해 부잣집의 가정교사로 취업합니다. 태연한 모습으로 〈독도는 우리 땅〉 노래를 개사해 위조한 경력을 읊는 장면은 그녀의 성격을 보여 주는 하이라이트입니다. 하지만 그녀가 취업에 성공할 수 있었던 결정적인 이유는 인터넷에서 잠깐 검색한 미술치료 내용으로 아이의 그림에서 트라우마를 설명해내는 뛰어난 말솜씨 덕분이었습니다. 아이의 어머니는 술술 풀어내는 그녀의 말에 빠져들어 그녀를 철석같이 믿고 말죠. 이렇게 남의 마음을 뒤흔드는 말재주를 가진 인물들은 상대방의 심리를 파고들어 자신이 원하는 것을 얻어냅니다.

변인태도 내기에서 이기려고 목사에게 그럴듯한 말을 꾸며내 자신이 원하는 대로 행동하게 한다는 점에서 기정과 비슷한 성격을 보여 줍니다. 어쩌면 동헌 책방에 불이 난 것도 변인태가 일부러 그랬을 가능성이 높습니다. 변인태의 머릿속에는 이미 내기에서 이길 계획이 다 있었던 것입니다.

부조리한 갑질에 저항하다

그렇지만 변인태는 단순히 자신의 욕심을 채우는 인물에만 그치지 않습니다. 변인태는 능청스러운 행동으로 부조리한 요구를 하는 상관을 골려 주기도 합니다. 특히 상관과의 에피소드는 단순한 거짓말쟁이가 아니라 사회 부조리에 저항하는 인물로서 그를 해석할 여지를 보여 줍니다.

◇◇◇◇◇◇◇◇◇

변인태가 일하는 서귀진에는 조방장이라는 직책의 상관이 있었다. 조방장은 성격이 좋지 않아 음식에 대한 타박을 자주 했다. 변인태는 조방장의 버릇을 고치기로 결심했다. 어느 날 변인태는 고기를 검게 태워 조방장에게 식사를 올렸다. 조방장은 "고기를 왜 이렇게 태웠느냐? 다음부터는 살짝만 구워라."고 말하며 변인태에게 고기를 먹으라고 했다. 변인태는 고기를 맛있게 먹으며 겉만 탄 고기였음을 보여 주었다. 조방장은 체면 때문에 고기를 다시 달라고 할 수 없었다.

　다음 날 변인태는 생고기를 들고 조방장 앞에 와서 가만히 서 있었다. 조방장이 "생고기를 들고 무엇을 하고 있느냐?"고 묻자, 변인태는 "지난번에 고기가 타서 못 먹겠다고 하셔서 불을 멀리 두고 구우려 했습니다."라고 대답했다. 조방장은 어이가 없었지만 화를 내지 못했다. 조방장은 생고기를 다시 변인태에게 먹으라고 할 수밖에 없었다. 결국 변인태가 고기를 다 먹게 되었다.

◇◇◇◇◇◇◇◇◇

　조방장으로서는 황당한 상황이었지만 어느 정도로 구우라고는 정확하게 이야기하지 않았으니 변인태가 명령을 거역한 것이 아니긴 했습니다. 조방장은 어이가 없었지만 자기가 한 말도 있어서 화를 내지 못했고, 조방장이 먹지 못한 고기들은 모두 변인태의 입으로 들어가고 말았죠.

다른 이야기에서는 변인태가 일부러 밥을 설게 하거나 너무 익게 해서 올리는 경우도 있었고, 닭을 잡을 때 속은 양념을 했으나 일부러 닭 껍질을 뒤집어 가져가서 마치 생닭처럼 보이게 한 뒤 그 음식을 모두 챙겨 먹었다는 이야기도 있습니다.

변인태는 상관이 시키는 대로 하는 것 같으면서도 말귀를 못 알아들은 것처럼 행동합니다. 시키는 사람은 답답하지만 뭐라고 나무라기에는 자존심 상하게끔 한 것이었죠. 사실 이 모든 것은 변인태가 의도한 상황입니다. 변인태가 그런 행동을 하게 되는 이야기의 앞부분에는 꼭 상관들의 부조리가 언급됩니다. 별것 아닌 일에 트집을 잡아 부하를 괴롭힌다든지, 특별 대우를 요구하는 것이었죠. 변인태는 그런 상황이 옳지 않다고 느낀 것입니다. 그래서 상관 앞에서 능청스러운 연기를 하면서 그들의 의도대로 되지 않게 일을 꾸며 골려 준 것이었습니다.

변인태는 신분이 낮더라도 사람다운 대우를 받는 사회를 꿈꾸었는지도 모릅니다. 물론 변인태의 해결 방식이 정의롭다고 할 수는 없습니다. 결과적으로는 자신이 맛있는 음식을 먹게 되었으니, 단순하게 맛있는 음식을 노리고 그런 일을 꾸몄다고도 볼 수 있습니다. 그렇지만 권력자의 특권을 당연하게 여기는 사회에서 조금이나마 그런 분위기에 딴지를 놓으려고 했다는 점에서, 부조리한 사회를 비판적으로 인식하는 인물로 변인태를 바라볼 수도 있을 겁니다.

탐관오리의 비리를 폭로하다

예나 지금이나 직장 상사가 아랫사람에게 사적인 일을 부당하게 시키는 경우가 있습니다. 한 이야기 속에서 조방장은 변인태에게 자신의 집에 가서 아내를 데리고 오라고 명합니다. 아무리 상관의 명령이지만 개인적인 용무를 부하에게 시키는 것은 월권 행위에 속합니다. 그럼에도 거부할 힘이 없는 변인태는 상관의 말을 따를 수밖에 없는 상황이었습니다. 하지만 변인태는 호락호락하지 않았습니다. 겉으로는 얌전히 명령에 따르는 척하면서 비상한 계획을 세우고 있었습니다.

변인태는 조방장의 명령대로 부인을 모시고 왔다. 그
런데 큰길로 이동하지 않고 깊은 산속의 숲길로 이동했
다. 그러다 보니 도착하기 전에 날이 저물고 말았다. 어
쩔 수 없이 대충 움막을 만들고 하룻밤을 지내게 되었
다. 변인태는 조방장께서 남녀유별이므로 멀리서 부인
을 모시라고 했다고 전하며 멀찍이 떨어져 누웠다. 그러
면서 몰래 무서운 소리를 일부러 냈다. 조방장 부인은
그 소리에 점점 겁이 났다. 결국 어쩔 수 없이 변인태에
게 자기 옆에서 자라고 부탁해야 했다. 변인태는 마지못
한 척 부인 옆에 누웠다. 날이 밝은 뒤에 부인이 생각해
보니 이 일이 소문나면 집에서 쫓겨날 수도 있었다. 그래
서 변인태에게 돈을 주면서 다른 사람에게 절대 이 일을
말하지 말라고 입단속을 시켰다. 그 후로 변인태는 돈이
필요할 때마다 부인에게 가서 돈을 타냈다고 한다.

◇◇◇◇◇◇◇◇◇

상관의 부인을 모셔 오는 게 별일이 아닐 수도 있지만
변인태는 당연하게 받아들이지 않았습니다. 엄연히 말해

개인적인 일을 부하에게 명령하는 것은 권력을 이용한 갑질입니다. 변인태는 상관이 그런 일을 하게 한 것을 통쾌하게 갚아 주었습니다.

변인태의 이야기에서 가장 통쾌한 사건은 상관의 비리를 폭로하는 부분입니다. 앞서 조방장을 골탕 먹인 일들은 조방장의 자존심을 건드리는 일이긴 했지만 조방장의 지위에 영향을 미치지는 않았습니다. 그러나 선을 넘은 조방장의 요구에 변인태는 기가 막힌 방법으로 그의 비리를 고발합니다.

◇◇◇◇◇◇◇◇◇

예전에는 가시나무를 함부로 자르지 못하게 했다고 한다. 어느 날, 조방장은 변인태에게 가시나무를 구해 제주성 안에 있는 자신의 집에 가져다 놓으라고 했다. 변인태가 조방장의 집을 모르니 가르쳐 달라고 하자, 조방장은 성 안에서 가장 큰 대문이 있는 집을 찾으라고 했다. 변인태는 가시나무를 한 짐 지고 성 안 가장 큰 대문을 찾아갔다. 그러나 그가 간 곳은 제주목 관아였다. 변인태는 관아의 문을 두드리며, "여기가 조방장의 집입니까?" 하고 외쳤다. 제주목사가 변인태를 잡아 조사하며 "왜 이 가시나무를 여기에 가져왔느냐?" 물었다. 변인태 는 "조방장이 집으로 가져가라고 했는데, 성 안에서 가 장 큰 집이 여기라 왔습니다."라고 답했다. 변인태는 제 주목사에게 가시나무를 받은 확인서까지 써 달라고 요 구했다. 결국, 이 일로 조방장은 파직되고 말았다.

◇◇◇◇◇◇◇◇◇

제주목사 입장에서는 얼마나 어이없는 상황일까요. 변 인태가 가시나무를 한 짐이나 지고서 너무도 당당히 관아 로 들어왔으니 말입니다. 변인태가 관아를 정말 조방장의 집으로 알고 찾아갔을까요? 당연히 그렇지 않았을 겁니 다. 그리고 서귀진에서 일하는 변인태가 자신이 그런 행동 을 했을 때 어떤 파장이 일어날지를 모르지 않았을 겁니다.

고전소설 『토끼전』에서 자라에게 속아 용궁으로 가게 된 토끼는 용왕의 병을 고치기 위해 자신의 간을 꺼내야 하는 위기에 처합니다. 하지만 토끼는 절체절명의 순간 간 을 두고 왔다는 꾀를 생각해내지요. 토끼는 자기를 의심하는 용왕 앞에서 또 이렇게 말합니다. 간을 용왕님께 드리는 것은 아깝지 않지만, 신성한 정기를 받고 자란 풀을 먹은 자신의 간을 원하는 이가 많아 깊은 산속에 감춰 두고 다닌다고요. 자신의 배를 지금 바로 갈라도 상관없지만 간이 없으면 다시는 간을 구하지 못할 것이라고 엄포를 놓기까지 합니다. 목숨까지 건 토끼의 말에 결국 용왕은 속아 넘어가고 맙니다.

변인태 역시 자신의 모든 것을 건 도박을 한 것이나 다름없습니다. 자칫하다가는 제주목사를 능멸한 죗값을 치러야 할 수도 있었으니까요. 그럼에도 변인태는 제주목사에게 나무를 받았다는 확인서까지 요구하면서 끝까지 연기를 이어 나갑니다. 변인태의 돌출 행동으로 말미암아 조방장은 자신이 누리던 권력의 자리에서 쫓겨나게 되었죠.

부조리한 사회 뒤집기

다른 전설에서는 제주목사에 대한 비판적 시선을 보내는 경우가 많은데 왜 변인태 이야기에서는 유독 조방장을 대상으로 삼을까요. 과거에는 제주도 내 행정 관료들의 비리도 만만찮았을 겁니다. 제주목사는 1~2년이면 교체되지만 관료들은 오랫동안 자리를 차지할 수 있었기 때문입니다. 물이 고이면 썩는 법이죠.

정조 때 제주에는 '양제해 모변사건'이라는 큰 사건이 일어납니다. 양제해(제주 토호土豪)를 중심으로 모인 사람들이 역모를 일으키려 했다는 고발로 여러 명이 처형되고 유배 간 사건입니다. 이 일은 제주에서 일어난 역모 사건으로『정조실록』에 기록되었고, 꽤 오랫동안 그렇게 인식되어 왔습니다. 그런데 이강회의『탐라직방설耽羅職方說』에 실린 '상찬계시말相贊契始末'과 '양제해전'이 발견되면서 그것이 거짓 고변이었음이 드러났습니다.

이 글에 따르면 당시 제주에는 상찬계라는 조직이 있었다고 합니다. 수백 명이 소속된 제주 향리의 모임이었는데 이들이 각종 이권을 독점했다고 합니다. 상찬계는 돈을 신神으로 모시면서 어떻게든 양민들에게서 재물을 뜯어내려 했습니다. 각종 활동에 세금을 부여해 착복하면서 재물을 축적했지요. 예를 들어 불효자를 테우리(마소를 방목하여 기르는 사람)로 강등시켜 뇌물을 바치게 하거나, 외래 상인에게 뇌물을 받거나, 제주 사람이 잡은 고기나 해산물에도 세금을 부여했습니다. 상찬계에 소속된 사람들은 그렇게 부를 늘려 갔습니다. 그런데 양제해는 이런 폐해를 조정에 알리는 글을 올리려다 상찬계의 계략으로 역모의 누명을 쓰고 만 것입니다.

지금은 갑질방지법 같은 제도에 호소할 수 있지만 과거에는 전혀 그렇지 못했습니다. 부조리한 일에 항의하는 것은 목숨을 내놓는 것과 마찬가지였고, 할 수 있는 방법이라고는 변인태처럼 꾀를 쓰는 것밖에 없었습니다. 물론 치밀한 계획도 짜야 하고 말주변도 좋아야 하고, 연기 실력도 있어야 합니다. 또한 과도하게 선을 넘지 말아야 하고, 그때그때 임기응변이 되는 순발력도 있어야 했습니다. 그러니 이런 행동을 아무나 할 수 있는 건 아니었습니다.

자신보다 지위가 높은 인물들을 가볍게 속여 넘기는 변인태를 통해 제주 사람들은 대리만족을 느꼈을 겁니다. 자신은 비록 부조리한 현실에 마음껏 항의하지 못하지만 어디선가 변인태 같은 인물이 나타나 나쁜 관리들을 속여 넘기면 좋겠다는 바람이 제주 사람들의 마음속에 자리 잡고 있지 않았을까요. 그런 바람을 타고 변인태는 점점 더 기이한 인물로 그려지게 되었을 겁니다.

열한 번째 이야기
사랑을 위한 처절한 복수

사랑을 위한 처절한 복수

행복한 결혼 생활에 찾아온 비극

매고는 남편과 행복한 결혼 생활을 하고 있었습니다. 금슬도 좋기로 소문이 났지요. 매고는 미모가 뛰어나서 누구라도 한번 보면 반해서 돌아볼 정도였습니다. 매고의 남편은 사냥꾼이었습니다. 매고의 옆집에도 젊은 사냥꾼이 살고 있었는데, 매고 부부와 잘 지내는 척했지만 그들을 질투했고 예쁜 매고를 자기의 아내로 삼으려 했습니다. 매고를 향한 마음을 더 이상 참을 수 없었던 젊은 사냥꾼은 결국 매고의 남편을 없앨 계략을 세웁니다.

어느 날 옆집 사냥꾼은 매고의 남편에게 함께 사냥을 나가자고 제안합니다. 매고의 남편은 순순히 제안을 받아들였습니다. 둘은 활을 메고 사냥감을 찾아 깊은 산속으로 들어갔습니다. 노루를 잡으려고 둘은 여기저기 돌아다녔지만 쉽게 잡히지 않았지요. 그러자 옆집 사냥꾼은 매고의 남편에게 당신이 저쪽에서 노루를 몰아 오면 내가 숨었다가 활로 쏘겠다고 제안합니다. 매고의 남편도 동의하여 그 방법대로 사냥을 하기로 합니다. 매고의 남편은 멀리서부터 노루를 몰아서 왔습니다. 노루가 옆집 사냥꾼에게 가까이 다가가 이제 활로 쏘기만 하면 되었는데, 그 순간 옆집 사냥꾼은 노루를 겨냥하는 척하다 매고의 남편을 쏴 버립니다. 활에 맞은 매고의 남편은 그 자리에 쓰러져서 죽었습니다. 계획에 성공한 옆집 사냥꾼은 매고의 남편이 죽은 것을 확인하고는 시신을 그냥 두고서 혼자 내려왔습니다.

매고의 남편을 없앤 사냥꾼은 숲에서 내려와 매고의 집을 찾아갔습니다. 태연한 얼굴을 하고서는, 매고의 남편이 사냥을 하다가 몸이 좋지 않다면서 먼저 내려갔는데 괜찮은지 보러 왔다고 매고에게 말했습니다. 매고는 아직 남편이 돌아오지 않았다며 걱정했죠. 옆집 사냥꾼이 매고를 먼저 찾아간 것은 자신이 남편의 죽음에 아무 관계가 없다는 걸 보여 주기 위한 것이었습니다. 남편이 돌아오지 않으면 함께 사냥을 갔던 자신이 가장 먼저 의심을 받을 테니 선수를 친 것이죠.

매고는 이제나저제나 남편이 돌아오기만을 기다렸습니다. 하루 이틀이 지나고 아무리 기다려도 남편은 돌아오지 않았습니다. 결국 숲에서 사고를 당해 죽었다고 생각할 수밖에 없었지요. 산에서 길을 잃었을 수도, 발을 헛디뎠을 수도, 산짐승의 습격을 받았을 수도 있었습니다. 하지만 숲을 일일이 뒤질 수도 없는 일이었기에 결국 남편의 시신조차 찾지 못하였습니다.

잘못된 인연

매고의 남편이 죽은 지 몇 해가 지났습니다. 혼자 사는 것이 쉽지 않았지만 매고는 남편에 대한 그리움을 삭이며 잘 지내고 있었습니다. 옆집 사냥꾼은 매고가 어려울 때마다 나서서 이것저것 도와주었습니다. 매고는 자신을 도와

주는 옆집 사냥꾼에게 고마운 마음을 갖게 되었죠. 사실 그는 남편을 죽인 살인자였지만, 매고는 전혀 의심하지 못했습니다. 옆집 사냥꾼은 남편이 죽은 뒤에 매고에게 곧장 혼인하자고 재촉하지 않았습니다. 매고를 도우면서 그저 끈기 있게 기다렸죠. 매고의 남편이 알면 그 억울함에 죽어서도 땅을 칠 일이었습니다. 원수를 앞에 두고도 알아보지 못하고 있으니 말입니다.

영화 〈사랑과 영혼〉에서도 동일한 상황이 펼쳐집니다. 샘은 친구인 칼의 사주로 죽음에 이릅니다. 칼은 샘의 여자친구였던 몰리에게 접근하죠. 영혼이 되어 자신의 죽음에 대한 진실을 알게 된 샘은 어떻게든 진실을 알리고 둘 사이를 방해하려고 합니다. 매고의 남편도 샘처럼 이승에 영혼이 남아 있었다면 같은 선택을 했을 겁니다. 하지만 안타깝게도 이 이야기에서는 매고와 옆집 사냥꾼의 사이가 점점 가까워집니다.

그러던 어느 날 옆집 사냥꾼은 매고에게 우리 두 사람 다 혼자이니 같이 서로 위로하며 살아가자고 청혼합니다. 옆집 사냥꾼이 드디어 자신의 속내를 드러낸 것입니다. 매고는 어떤 선택을 했을까요. 남편이 죽은 지 이미 여러 해가 지났으니 옆집 사냥꾼과의 새 출발을 선택했을까요. 아니면 남편과의 사랑을 지키기 위해 혼자 살아가는 선택을 했을까요. 매고는 새 출발을 선택하고 청혼을 받아들입니다. 결국 두 사람은 부부의 연을 맺습니다. 결과적으로 시간은 좀 걸렸지만 옆집 사냥꾼이 계획한 대로 되고 만 것입니다.

엄밀히 따지면 사기결혼이나 다름없습니다. 옆집 사냥꾼은 자신이 한 행동을 숨기고 결혼하는 것이니 말입니다. 그러나 살인을 목격한 사람이 없으니 옆집 사냥꾼이 스스로 털어놓지 않는 이상 사건은 그대로 완전범죄가 될 수밖에 없었습니다.

그렇게 시간은 또 흘러갔습니다. 매고와 옆집 사냥꾼이 함께 지낸 시간도 꽤 되었죠. 둘 사이에 자식들도 태어났는데, 무려 아홉 형제나 되었다고 합니다. 자식이 아홉이니 최소한 10년 이상의 시간이 흐른 것을 알 수 있죠. 이제 매고는 이전 남편보다 옆집 사냥꾼과 부부로 더 오래 함께 지낸 셈입니다. 두 사람은 재산도 잘 모아 살림도 넉넉했습니다. 풍족한 생활에 자식도 많으니 부족함이 없는 삶을 살고 있었습니다. 오랫동안 부부 사이를 유지한 것을 보면 옆집 사냥꾼은 그때까지도 자신의 비밀을 잘 숨기고 있었던 것이지요.

「선녀와 나무꾼」에서 나무꾼은 선녀에게 아이 셋을 낳을 때까지 숨겨 둔 날개옷이 어디에 있는지 가르쳐 주지 않으려고 합니다. 비밀을 털어놓는 순간 지금의 평화가 깨질 수 있기 때문입니다. 옆집 사냥꾼 역시 자신의 비밀을 꽁꽁 숨기고 아무에게도 이야기하지 않았습니다. 혹시나 술을 과하게 마셨다가 괜한 영웅심이 발현되어 다른 사람에게 비밀을 꺼내는 실수를 할 수도 있었습니다. 다른 사람들이 모두 동경하던 미녀를 부인으로 맞이하게 되었으니 말입니다.

「선녀와 나무꾼」에서 나무꾼은 아이를 둘 낳은 상황에서 선녀의 간절한 부탁에 날개옷을 보여 주고 맙니다. 그러자 선녀는 그 옷을 입고 아이들과 함께 천상으로 돌아가 버리죠. 한 번의 실수로 모든 것이 수포로 돌아가고 만 것입니다. 과연 옆집 사냥꾼은 자신만의 비밀을 끝까지 지킬 수 있었을까요?

판도라의 상자가 열리다

비가 많이 내리던 어느 날이었습니다. 사냥꾼은 매고의 무릎을 베고 누워 있었고, 매고는 사냥꾼 머리의 이를 잡아 주고 있었습니다. 나이가 들었는데도 둘 사이는 여전히 좋았나 봅니다. 비 내리는 마당을 보고 있으려니 사냥꾼은 문득 옛일이 생각났습니다. 빗물이 마당 웅덩이에 떨어지면서 물거품이 일고 있었는데, 그것을 보고 있던 사냥꾼은 매고의 전 남편이 죽으면서 거품을 물던 모습이 떠올랐습니다. 아마도 그에게는 평생 잊지 못할 장면이었을 겁니다. 예전이라면 일부러라도 그런 생각을 하지 않으려고 했을 텐데 자신만 진실을 알고 있다는 자만심이 그를 방심하게 만들었습니다. 그날을 떠올리다 보니 그때 매고의 남편을 죽인 것이 자기에게는 행복으로 돌아왔다는 생각이 들었습니다. 마을에서 가장 예쁜 여인을 부인으로 얻고 자식도 아홉이나 낳았으니 그런 생각이 들 만했죠. 그런 생각을 하다 보니 피식하고 웃음이 나왔습니다.

그런데 매고는 사냥꾼의 웃음소리가 전과 달리 이상하게 느껴졌습니다. 여자의 육감이었을까요. 매고는 왜 그렇게 웃냐고 슬쩍 물었습니다. 사냥꾼은 아무것도 아니라고 하면서 말을 피했습니다. 지금까지 숨겨 온 비밀이고, 매고에겐 더군다나 절대 발설할 수 없었죠. 매고는 수상하다고 생각했습니다. 왜 웃는지 알려 달라고 하는데 말을 안 해 주니 말입니다. 매고는 집요하게 물었습니다. 사냥꾼은 어떻게 할까 고민되었습니다. 사실대로 이야기하면 매고가 어떻게 반응할지 뻔했으니 말입니다. 과거의 진실을 알게 되는 순간 둘 사이는 부부에서 원수로 변하고 말 것이 당연했습니다.

그러다 매고와 같이 산 지도 오래되었고, 아이도 아홉이나 낳았으니 자식들을 봐서라도 자기를 어쩌지 못할 거라는 생각이 들었습니다. 그래서 그날의 진실을 털어놓기 시작했습니다. 전에 매고의 전 남편하고 사냥을 갔던 날 그를 활로 쏴 죽였는데, 그때 전 남편이 죽어 가던 모습이 저 비의 물거품과 비슷해 보여서 웃었다고 말입니다.

사실 웃는 이유를 그냥 거짓으로 지어내도 별문제는 없었을 겁니다. 재미있는 이야기가 생각이 났다든지, 웃긴 친구가 생각이 났다든지, 적당히 둘러대면 되었을 텐데 사냥꾼은 사실대로 털어놓았습니다.

생각해 보면 사냥꾼도 그 사건 때문에 수십 년 동안 마음이 편하지는 않았을 것입니다. 겉으로는 행복하게 지냈더라도 언제 자신의 악행이 들킬지 모르는 상황에서 긴 세월 동안 비밀을 간직한 채 견뎌 왔으니까요. 마음속 두려움에서 벗어나고 싶다는 생각에 어쩌면 스스로 사실을 털어놓았을지도 모릅니다.

자, 드디어 오랫동안 닫혀 있던 판도라의 상자가 열리고 말았습니다. 전 남편의 죽음의 진실을 매고가 드디어 알게 된 것입니다. 그 순간 그녀의 심정은 어떠했을까요.

복수의 칼을 휘두르다

진실을 알게 된 매고는 자신의 남편을 죽인 범인과 오랫동안 부부로 지내 왔다는 사실을 견디기 힘들었을 겁니다. 아무리 시간이 지났어도 전 남편을 완전히 잊지는 못했을 것이기 때문입니다. 둘 사이가 나빠져서 헤어진 것도 아니고 강제적으로 이별해야 했으니 매고의 억울함은 이루 말로 할 수 없었겠지요. 옆집 사냥꾼과 함께 살면서도 마음 한편에는 전 남편에 대한 미안함이 남아 있었을 겁니다. 그렇다면 당장에 왜 사실대로 말하지 않았냐고 옆집 사냥꾼에게 따지고 들어도 시원찮을 텐데 매고는 전혀 다른 반응을 보입니다. 사냥꾼에게 오히려 잘 죽였다고 말한 것이었습니다. 같이 살 때 너무 힘들게 했다면서, 죽어 버려 시원하다고까지 하면서 말이죠.

사냥꾼은 매고의 말을 듣고 기뻐했습니다. 비밀을 가슴에 품고 혼자 살아오는 게 힘들었는데 막상 털어놓으니 가뿐해졌을 겁니다. 거기다 걱정과 다르게 매고가 자기를 두둔해 주니 묵은 체증이 내려가는 기분이었겠죠.

인질로 잡힌 사람이 인질범에게 심리적으로 동조하는 증세를 '스톡홀름증후군'이라고 하는데, 혹시 매고에게도 그런 증상이 있었던 걸까요.

매고는 사냥꾼에게 잘했다고 하면서 전 남편을 어디서 죽였는지 물었습니다. 사냥꾼에게 잘했다고 하면서 왜 그걸 물어봤을까요. 매고는 전 남편이 이미 죽었지만 죽은 장소를 알려 주면 자기가 찾아가 분풀이를 하고 싶다고 했습니다. 뭔가 이상합니다. 굳이 죽은 사람의 흔적을 찾아보겠다는 점이 말이죠. 하지만 사냥꾼은 매고를 전혀 의심하지 않았습니다. 걱정거리가 없어진 상황에 취해 있었는지도 모릅니다.

사냥꾼은 전 남편이 죽은 장소를 알려 주었습니다. 매고가 그곳에 가 보니 시신은 이미 살이 다 썩어 없어지고 뼈만 남아 있었습니다. 매고는 흩어져 있는 뼈들을 모두 모아서 치맛자락에 싸서 가지고 내려왔습니다. 이제 사냥꾼에게 말한 대로 전 남편에게 분풀이를 할 차례이지만 매고는 그렇게 하지 않았습니다. 그 뼈들을 들고 곧장 관아로 가서 옆집 사냥꾼이자 자신의 현 남편을 고발합니다. 그가 자신의 전 남편을 죽였다고 말입니다.

이제 매고가 한 행동의 진실이 밝혀졌습니다. 매고가 침착하게 시신이 있는 곳을 물어보고, 증거까지 확보했기 때문에 관아에 가서 전 남편의 억울함을 풀어 줄 수 있었습니다.

관아에서는 매고의 고발을 받아들여 사냥꾼을 잡아들였습니다. 그리고 매고에게 형장을 주면서 분이 풀릴 때가지 때리라고 하죠. 그리하여 매고는 분이 풀릴 때까지 옆집 사냥꾼을 때려서 죽였다고 합니다. 이렇듯 매고는 전 남편 죽음에 대한 복수를 자신의 손으로 직접 해냅니다.

욕심이 불러온 파국

　조선시대 형벌제도상 일단 사건이 관아에 넘어가면 피해자가 직접 형장을 들고 처벌하는 것은 실제로는 불가능한 일입니다. 법에 정해진 절차에 따라 조사하고, 이에 합당한 처벌을 나라에서 진행하기 마련이지요. 그러나 피해자의 입장에선 그것만으로는 성에 차지 않았을 겁니다.

　죗값을 받아낸 매고의 마음은 후련했을까요. 그녀의 복수는 여기에 그치지 않았습니다. 매고와 옆집 사냥꾼 사이에는 아홉 명의 아들이 있었습니다. 그녀는 그 아이들을 집에 가두고 문을 잠갔습니다. 그리고 집에 불을 놓았습니다. 자기가 낳은 자식들이지만 옆집 사냥꾼의 핏줄이었기 때문에 전 남편을 죽인 사냥꾼과의 모든 인연을 끊으려고 했던 겁니다. 아이들은 아무 죄가 없는데 부모 세대의 원한 관계 때문에 죽음을 맞는다는 것은 안타까운 일입니다.

　매고는 혼자서 살아남으려고 하지 않았습니다. 언덕에 직접 무덤을 파고 들어가 불을 켜 두고 그 안에 들어앉았습니다. 그러면서 사람들에게 이 불이 꺼지면 자신이 죽은 것으로 여기고 입구를 돌로 막아 달라고 부탁했습니다. 그

날부터 동네 사람들은 그 무덤을 지켰습니다. 며칠이 지나자 무덤 속 불빛이 사라졌습니다. 매고가 죽은 것이었죠. 마을 사람들은 돌로 입구를 막고 흙을 덮어 매고의 무덤을 만들어 주었고, 이 무덤을 매고 무덤이라 불렀습니다. 이때부터 '아홉 아이 낳아도 한 보람 없다'는 속담이 생겨났다고 합니다. 결국 매고도, 전 남편도, 옆집 사냥꾼도, 아이들도 모두 비극적인 결말을 맞이하고 말았습니다.

이웃집 사냥꾼 한 사람의 욕심이 여러 사람의 삶을 파국으로 내몰았습니다. 이런 비극적인 이야기가 오늘날까지 이어져 온 것은 한 사람의 섣부른 행동이 공동체를 해치는 것을 경계하기 위해서일 겁니다. 지금도 누군가의 욕심 때문에 많은 사람들의 삶이 송두리째 흔들리는 경우를 자주 목격합니다. 매고는 자신의 손으로 복수라도 할 수 있었지만, 때로는 잘못한 사람들이 더 떵떵거리며 사는 모습을 바라만 봐야 하는 경우도 많습니다. 죄인에 대한 가벼운 처벌 때문에 눈물 흘리는 피해자들의 모습을 뉴스에서 종종 보곤 합니다.

영화나 드라마에서는 눈에는 눈, 이에는 이로 복수하는 해결사가 등장해 악인을 강력하게 처벌하며 통쾌함을 선사합니다. 드라마 〈모범택시〉는 법망을 교묘하게 빠져나가는 악인들을 사적인 방법으로 처벌하여 큰 인기를 끌었습니다. 법은 만인에 평등해야 하지만 같은 죄를 지어도 권력자나 부자에게는 관대하고, 힘없는 약자에게는 한없이 냉정해 보입니다. 그러니 법의 테두리 안에서 해결하지 않고 직접 복수하는 이야기가 대중의 호응을 얻는 것이겠지요.

열두 번째 이야기
뻔뻔한 거짓말쟁이

열두 번째 이야기

뻔뻔한 거짓말쟁이

영화 〈캐치 미 이프 유 캔〉에서 프랭크는 뛰어난 연기력과 임기응변으로 사기를 칩니다. 수표 위조로 시작해서 비행사, 변호사, 의사의 신분을 위조하며 부자가 됩니다. 수사망을 교묘히 피하면서 주인공이 유유히 자신의 목적을 달성하는 이 영화는 프랭크 에버그네일 2세의 실화를 바탕으로 만들어졌다고 합니다. 이렇게 감쪽같이 다른 사람 행세를 하는 캐릭터는 문화 콘텐츠에서 자주 등장합니다. 자신의 정체를 숨기려는 노력과 정체가 발각되려는 위기의 순간이 사람들에게 긴장감을 가져다주기 때문입니다.

제주 전설에도 이같이 능숙한 거짓말로 남을 속인 모관 양반이라는 인물이 있습니다. 예전에 제주 사람들은 제주목 관아가 있던 제주성 안쪽을 모관이라고 불렀습니다. 순간적인 기지를 발휘해 다른 사람들을 잘 골려 먹었다는 모관 양반. 그는 어떻게 사람들을 속였을까요.

남편으로 오해받다

하루는 볼일이 있어 모관 양반이 집을 나갔는데 어느 마을에서 날이 저물고 말았습니다. 그래서 하룻밤 자고 갈 곳이 없는지 둘러보고 있었죠. 때마침 마을의 여자들이 모여 방아를 찧고 있었는데, 날이 꽤 어두운 까닭에 모관 양반이 지나가는 것을 보고서는 한 몸종이 자신의 주인인 줄 착각한 것입니다. 그래서 옆에 있는 여주인에게 주인어른이 오셨다고 말했습니다. 부인은 한동안 남편이 집에 잘 들어오지 않아서 남편일 리가 없다고 생각했습니다. 하지만 날이 어두워서 남편인지 아닌지 분간이 되지 않았지요. 부인은 자신은 일을 끝내고 갈 테니 주인어른이 맞으면 먼저 친정집으로 모시고 가 있으라고 몸종에게 일렀습니다.

몸종은 얼른 모관 양반에게 뛰어가 인사했습니다. 그리고 여주인이 먼저 집에 모시고 가라고 했다며 앞장섰습니다.

모관 양반은 전혀 일면식이 없던 사람이 자기를 주인이라고 하니 황당했습니다. 그런데 잠잘 곳을 구하던 모관 양반에게는 굴러 들어온 복이었죠. 모관 양반은 아무 말 않고 몸종을 따라나섰습니다.

몸종의 오해와 여주인의 안일한 대처가 맞물리면서 모관 양반은 졸지에 남의 남편이 되고 말았습니다. 몇 가지 대화를 해 보면 주인어른이 아니라는 걸 금방 알았을 텐데 몸종은 이미 모관 양반이 주인어른이라고 믿고 있었습니다. 한번 머리에 각인된 사실은 바꾸기 힘든 법이지요. 보통 사람이라면 내가 너의 주인이 아니라고 했을 텐데 모관 양반은 그러지 않았습니다.

그렇게 집에 도착한 모관 양반은 여주인의 친정 부모를 만나게 되었습니다. 모관 양반은 당황하지 않고 정말 사위인 것처럼 능청스레 그동안 잘 지내셨냐고 인사합니다. 장인과 장모는 사위 얼굴을 알았을 겁니다. 그런데 문제는 너무 오랜만에 사위를 본 터라 사위가 아닌 것을 전혀 눈치채지 못했습니다. 그동안 왜 발길이 뜸했냐고 묻는 정도였습니다. 모관 양반은 몸이 좋지 않아 찾아뵙지 못했다고 둘러댑니다. 장인과 장모는 그저 몸종이 사위가 왔다고 하니 의심하지 않고 넘어갑니다. 병치레를 하게 되면 얼굴과 체형이 바뀌기도 하니 말입니다.

모관 양반은 위기를 그렇게 넘겼습니다. 이제 집안의 어르신이 사위라고 인정했으니 다른 사람은 토를 달 수 없게 되었습니다. 모두 모관 양반을 주인어른으로 대접했지요. 모관 양반은 잘 차린 저녁상을 받고 방으로 가서 쉬었습니다. 얼마 후에 여주인이 집에 도착했습니다. 아무리 오랜만이어도 부인은 남편이 아니라는 것을 알아챌 수 있었을 겁니다. 그런데 부인도 당연히 남편인 줄 알고 아무 의심도 하지 않았고, 결국 그렇게 함께 하룻밤을 보내게 되었죠.

영화 〈광해, 왕이 된 남자〉에서 하선은 광해군과 비슷한 얼굴을 가지고 있어 광해군의 대역을 하게 됩니다. 궁중 생활의 법도를 알 리가 없는 하선은 매번 어수룩한 행동을 합니다. 광해군이면 절대 하지 않을 행동들을 말입니다. 그렇지만 그런 행동에도 시중을 드는 사람들은 광해군이 아니라는 의심을 할 수 없었습니다. 왕을 의심하는 것 자체가 대역죄이기 때문입니다. 그런데 하선의 정체를 의심하는 사람이 있었습니다. 바로 광해군의 부인인 왕비입니다. 왕비는 하선이 광해군이 아님을 눈치챕니다. 왕비는 하선의 신분을 끝까지 숨겨 주지만, 과연 여주인은 어땠을까요. 모관 양반이 자신의 남편이 아닌 것을 눈치챘을까요?

밝혀진 정체

여주인은 아침이 되어 눈을 떴다가 깜짝 놀랐습니다. 전혀 알지 못하는 남자가 옆에 누워 있었기 때문이죠. 결국 모관 양반의 정체가 발각된 것입니다. 여주인은 외간 남자와 하룻밤을 보냈다는 것에 놀라 안절부절못하고 있었습니다. 친정어머니가 부엌에 나와 오랜만에 남편이 왔는데 왜 그렇게 표정이 좋지 않으냐고 물으니 여주인은 그 남자가 남편이 아니라 다른 사람이었다고 털어놓았습니다. 그러자 집안이 발칵 뒤집어집니다. 친정아버지는 당장 모관 양반의 얼굴을 자세히 살펴보았습니다. 정말 생판 모르는 남이었습니다. 화가 난 친정아버지가 당신 도대체 누구냐고 모관 양반을 다그쳤습니다. 모관 양반은 태연하게 장인어른께 무슨 일이 있으시냐고 대꾸했습니다. 자신의 정체가 밝혀졌는데도 여전히 사위 연기를 이어 나가는 모관 양반도 뻔뻔하기 그지없습니다.

여주인의 아버지는 모관 양반을 매질을 해서라도 쫓아내고 싶었지만, 모르는 사람을 사위로 착각했다는 것이 소문나면 집안 망신이 될 것이 뻔했습니다. 결국 화를 참으면서 집에서 당장 나가라고밖에 할 수 없었죠. 모관 양반은 잠자리도 해결했겠다 아쉬울 게 없으니 오히려 당당하게 나갑니다. 어제는 자기더러 사위라고 하더니 이제는 사위가 아니라며 나가라고 하니 이게 무슨 대우냐면서 자기는 억울하니 관아에 가 하소연을 좀 해야겠다고 말이죠. 여주인의 아버지는 그 일만은 막아야 한다는 생각에 오히려 모관 양반에게 매달리는 처지가 되고 맙니다. 뭐든 다 해 줄 테니 제발 조용히 나가 달라고 부탁해야 했습니다. 결국 모관 양반은 그 집에서 암소 한 마리, 대나무 한 짐, 사모관대 한 벌을 얻어서 나왔다고 합니다.

다른 사람인 것을 알게 되었을 때의 낭패감이라니. 오해를 한 원인이 자신들한테 있기에 제대로 따질 수도 없었습니다. 물론 모관 양반에게 속일 의도가 없지 않았고, 남편 행세, 사위 행세, 주인 행세를 했기 때문에 죄가 없다고 할 수는 없습니다. 하지만 모관 양반은 잃을 것이 없었고, 여주인의 집안은 소문이 무서워 벌벌 떨 수밖에 없었을 겁니다. 잘못한 사람은 모관 양반인데 오히려 사위를 알아보지 못한 것이 더 큰 잘못이 되어 버린 것이죠. 칼자루는 모관 양반의 손에 쥐어져 있었던 겁니다.

신랑으로 오해받다

모관 양반은 여주인 집에서 내어준 사모관대 차림을 하고 그 집을 나섰습니다. 기분 좋게 길을 가다 보니 한 마을에 혼인식이 있는지 떠들썩했습니다. 마침 신랑이 아직 도착하지 않아 기다리고 있었습니다. 모관 양반은 자신이 혼례할 때 입는 사모관대 차림이고 하니 장난기가 발동했습니다. 그래서 신랑인 양 신부의 집으로 들어갔습니다. 예전에는 혼인날까지도 신랑의 얼굴을 보기가 어려웠으니 신부 집에선 신랑의 얼굴을 제대로 아는 이가 없었습니다. 사모관대 차림으로 신부의 집으로 당당하게 들어오는 모관 양반을 자신들이 기다리던 신랑으로 오해할 수밖에 없었습니다.

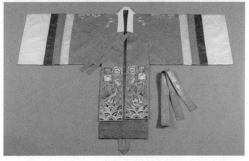

전통 혼례복 남성(상), 여성(하)
(국립민속박물관 소장, 출처: e뮤지엄)

　그들은 모관 양반을 환영하며 맞았습니다. 신랑 자리로 안내한 뒤에 혼례를 진행하려고 했습니다. 그런데 그때 마침 진짜 신랑이 도착했습니다. 어떻게 신랑이 둘이 될 수 있느냐며 소란이 일어났지요. 고전소설 『옹고집전』을 보면 두 명의 옹고집이 서로 자신이 진짜라며 우기다가 정작 진짜 옹고집이 가짜로 판명되어 집에서 쫓겨납니다. 모관 양반은 과연 자신의 재주로 사람들을 완벽히 속일 수 있었을까요? 하지만 이번에는 모관 양반이 가짜라는 것이 금세 밝혀졌습니다. 아무리 모관 양반이어도 진짜 신랑보다 더 신랑처럼 행동할 수는 없었을 테니 말이죠.

모관 양반이 가짜 신랑임이 밝혀지자 노발대발한 신부 측 사람들은 모관 양반에게 덤벼들었습니다. 좋은 날을 망치려고 했으니 화가 날 만도 합니다. 모관 양반은 그런 상황에서도 기죽지 않고 당당했습니다. 자기는 신랑이라고 한 적도 없는데 들어서자마자 신랑이라고 야단법석을 떨더니 이제는 도둑놈 취급을 한다면서 오히려 자신이 관아에 가서 고발을 해야겠다고 맞섰습니다. 그러니 이제는 신부 측에서 사정을 하기에 이르렀습니다. 사실 이번 일도 모관 양반이 혼인하는 집에 신랑처럼 차려입고 간 것이 문제였지만 멋대로 신랑으로 오해한 신부 측 사람들도 잘못이 있었습니다. 어쨌든 좋은 날에 소동이 있어서는 안 되니 모관 양반에게 돈과 선물을 쥐어 주며 없던 일로 해 달라고 부탁하는 처지가 되고 말았습니다. 결국 모관 양반은 못 이기는 척 돈을 받아 들고 유유히 신부 집을 나왔다고 합니다. 이렇듯 모관 양반은 다른 사람인 척 연기를 하여 재물을 얻었습니다.

모관 양반은 돈도 두둑히 벌었겠다, 기분 좋게 다시 길을 나섰습니다. 그러다 산에 이르러 사냥꾼들을 만나게 되었습니다. 마침 끼니때라 그들과 같이 밥을 먹기로 했지요. 모관 양반은 신부 집에서 얻어 온 도시락을 열었습니다. 그런데 도시락에 먹을 것은 없고 커다란 목침만 들어 있었습니다. 모관 양반에게 속은 사람들이 소심한 복수를 한 것입니다. 원숭이도 나무에서 떨어질 때가 있다고 하는데 남을 속이기만 하던 모관 양반의 자존심이 상했을 것입니다.

하지만 모관 양반의 기상천외한 거짓말은 여기서 끝나지 않았습니다.

신기한 물건을 팔아넘기다

자신이 속은 것을 알게 된 모관 양반은 화가 나 목침을 집어 던졌습니다. 그런데 때마침 그곳을 지나던 멧돼지가 목침에 맞아 그대로 죽고 말았습니다. 같이 밥을 먹던 사냥꾼들은 그 장면을 보고 깜짝 놀랐습니다. 멧돼지를 잡는 것은 사냥꾼도 쉽지 않은데 모관 양반이 목침으로 간

목침(국립중앙박물관 소장, 출처: e뮤지엄)

단히 잡았으니 말입니다. 사냥꾼들의 반응을 본 모관 양반은 그 짧은 순간에 사냥꾼들을 속일 그럴듯한 거짓말을 생각해냈습니다. 이 목침은 우리 집안에 대대로 내려오는 가보인데, 어떤 물건이라도 맞힐 수 있다고 허풍을 떨었죠. 사냥꾼들은 어떤 물건이라도 맞히는 목침이라면 사냥을 손쉽게 할 수 있겠다는 생각이 들었습니다. 사냥감을 애써 쫓아다니지 않아도 목침만 던지면 될 테니까요. 사냥꾼들은 서로 앞다투어 모관 양반에게 목침을 팔라고 했습니다. 모관 양반은 집안의 가보라서 팔 수 없다고 튕기다가 결국은 비싼 값에 팔아넘겼습니다.

당장은 사냥꾼들을 속였지만 목침을 사용해 보면 거짓

말이 금방 탄로 날 수밖에 없었습니다. 모관 양반은 사냥꾼들을 속일 다음 작전을 세웠습니다. 집에 돌아온 모관 양반은 이번에는 아내까지 동원해서 준비를 시켰습니다. 아내에게 처마 끝에 벼 이삭 하나를 꽂아 두고 사냥꾼이 들이닥치거든 시키는 대로 하라고 당부했습니다. 아니나 다를까 얼마 후에 사냥꾼들이 찾아왔습니다. 목침에 애꿎은 어머니가 맞아 돌아가셨다면서 모관 양반에게 달려들었습니다. 그러자 모관 양반은 목침이 자신의 집안에 내려오는 가보라 집안 사람들에게만 통하는 것 같다고 둘러댔습니다. 임기응변으로 위기를 넘긴 모관 양반은 시장하실 텐데 식사나 하고 가라고 화제를 돌렸습니다. 그리고 부인에게 밥상을 차리라고 했죠. 부인은 처마 끝에 꽂힌 벼 이삭을 쳐다보면서 모관 양반한테 몇 알이나 놓아야 되는지 물어보았습니다. 모관 양반은 한 알이면 충분하다고 말했습니다. 부인은 벼 이삭에서 한 알을 따서 부엌으로 들어갔습니다.

잠시 후 부인이 상다리가 부러질 정도로 한 상을 차려 왔습니다. 사냥꾼들은 벼 한 알 가지고 이렇게 밥을 많이 지을 수 있다면 먹고살 걱정은 없겠다는 생각이 들었습니다. 그래서 모관 양반에게 따지러 온 것은 까맣게 잊고 그 벼 이삭을 비싼 값에 사고 말았습니다. 그러나 예수의 오병이어五餠二魚와 같은 기적이 아니라면 쌀 한 알로 밥을 많이 지을 수 있을 리 만무하지요. 모관 양반과 부인이 함께 준비한 한 편의 연극과도 같은 상황이었던 겁니다. 하지만 이 거짓말도 얼마 지나지 않아 들킬 수밖에 없었죠. 그러니 바로 다음 작전을 준비해야 했습니다.

모관 양반이 아내에게 이번에는 떡을 만들라고 했습니다. 그리고 마당의 나뭇가지에 떡을 꽂아 두었습니다. 얼마 후에 사냥꾼들이 다시 찾아왔습니다. 당연히 벼 이삭 일을 따지러 온 것이었습니다. 그러자 모관 양반이 아내를 시켜 떡을 가져오게 했습니다. 나무에서 떡을 따서 오니 나무꾼들이 보기에는 신기했습니다. 마치 나무에서 떡이 열리는 것처럼 보였으니까요. 떡이 자라는 나무를 가져다 심으면 쉽게 돈을 벌 수 있겠다는 생각이 들었습니다. 그렇게 해서 사냥꾼들은 또 한 번 모관 양반에게 속아 나무를 비싼 값에 사고 말았습니다. 떡이 나무에서 열리지 않는다는 것은 삼척동자도 알 수 있는데 사냥꾼들의 귀가 참 얇은 것 같습니다.

몇 년 전 세계를 떠들썩하게 한 사건이 있었습니다. 엘리자베스 앤 홈즈는 적은 양의 피로 200종이 넘는 병을 진단할 수 있는 키트를 개발했다고 발표합니다. 수백 가지 질병을 단번에 검사할 수 있다고 하니 정말 획기적인 발명이었습니다. 환자는 검사에 들이는 번거로움을 줄일 수 있고, 병원도 검사 시간을 획기적으로 줄일 수 있으니 전 세계에서 주목할 만한 발표였습니다. 엘리자베스 앤 홈즈는 세계적인 기업가로 유명해졌습니다. 온갖 매스컴이 그녀의 이야기를 다루면서 인기가 급상승했습니다. 그러나 신문사의 취재로 밝혀진 사실은 놀라웠습니다. 그녀가 말한 것과 같은 효과가 나타나지 않았던 것입니다. 결국 그녀는 사기죄로 처벌을 받았습니다.

죽음을 위장하다

사냥꾼들이 이렇게 여러 번 모관 양반에게 당했으니 화가 크게 났을 것입니다. 다시 사냥꾼들이 찾아왔습니다. 모관 양반이 이번에는 죽은 듯이 누워 사냥꾼들을 맞았습니다. 모관 양반의 아내는 대성통곡을 하며 집안의 가보를

향피리(국립민속박물관 소장, 출처: e뮤지엄)

팔아 먹어서 벌을 받았다고 이야기했습니다. 그러면서 피리를 꺼내 오더니, 이 피리는 사람을 살리는 피리라며 사냥꾼에게 피리를 불어 달라고 부탁했습니다. 사냥꾼들은 따지러 왔는데 모관 양반이 죽었다고 하니 거절할 수 없어 피리를 불었습니다. 그러자 죽었다던 모관양반이 잘 잤다고 하면서 일어나는 것이었습니다. 죽은 사람을 살리는 피리가 정말 있으면 얼마나 비싸게 팔리겠습니까. 사냥꾼들은 이번에도 비싼 값을 주고 피리를 사고 말았습니다.

우리나라에서 거짓말의 대명사로는 대동강 물을 팔았던 봉이 김선달이 있습니다. 상인에게 강물을 파는 과정에서 김선달의 계획은 치밀합니다. 대동강에 물을 길러 오는 사람들에게 돈을 주면서 다음 날 돌려 달라고 한 것입니다. 사람들 입장에서는 매일같이 물을 길러 다니니 어려운 부탁도 아니었을 겁니다. 그렇게 돈을 돌려받는 모습을 상인들에게 보여 주고 대동강 물을 팔고 있다고 속인 겁니다. 대동강 물이 김선달 것이라는 얘기를 들은 상인들은 긴가 민가했을 것입니다. 그런데 돈을 내고 물을 긷는 사람들을 자신의 눈으로 목격한다면 그 말을 믿을 수밖에 없었죠. 강물은 마르지 않고, 물을 길러 다니는 사람들은 끝이 없으니 돈을 받는다면 평생 남는 장사였죠. 그렇게 해서 상인들이 김선달에게서 물을 팔 수 있는 권리를 사게 된 것입니다. 이후 상인들이 물을 길러 온 사람들에게 물값을 받으려고 했지만 당연히 돈을 내는 사람은 없었습니다. 상인들은 김선달의 말에 속아 돈만 날린 셈이었습니다.

사냥꾼들도 상인들과 다르지 않았습니다. 말로만 들었다면 믿지 않았을지도 모르지만 자신들이 실제로 그럴듯한 장면을 목격했기에 모관 양반의 말을 믿을 수밖에요. 물론 모두가 모관 양반이 치밀하게 준비한 계획에 의한 것이었지만 말이죠.

모관 양반이 매번 기발한 아이디어로 사냥꾼들을 속이긴 하는데, 계속해서 이런 방식으로 사냥꾼들을 돌려보낼 수는 없었습니다. 그래서 이번에는 진짜 무덤을 만들고 모관 양반이 그 안에 들어가 죽은 척을 했습니다. 사냥꾼들이 찾아오자 아내가 이번에는 진짜로 모관 양반이 죽었다며 무덤으로 안내했습니다. 사냥꾼들은 지금까지 몇 번이나 속은 것이 분해서 무덤 위에다 똥이라도 싸 주려고 제각기 엉덩이를 까고 무덤을 향해 앉았는데, 모관 양반은 미리 준비해 간 달궈진 인두를 가지고 사냥꾼들의 엉덩이에 종 노奴 자를 찍어 버렸습니다. 사냥꾼들은 깜짝 놀라 줄행랑을 치고 말았죠.

　이제는 매번 당하는 사냥꾼들이 불쌍하다는 생각이 들 정도입니다. 모관 양반은 후환을 없애려고 관아에 찾아가 우리 집 종이 주인을 괴롭힌다며 고발했습니다. 사냥꾼들로서는 얼마나 황당한 노릇이었을까요. 관아에서는 모관 양반을 불러다 사냥꾼들이 당신네 집의 종이라는 증거가 있느냐고 물었습니다. 모관 양반은 사냥꾼들 엉덩이에 노奴 자가 찍혀 있다고 했습니다. 관아에서 사냥꾼들의 엉덩이를 보니 정말 모관 양반이 말한 대로였습니다. 사냥꾼들은 모관 양반의 계략대로 꼼짝없이 노비가 되어 버린 겁니다. 관아에서는 사냥꾼들에게 주인의 말을 잘 들으라고 하면서 풀어주었고, 모관 양반은 사냥꾼들이 더는 자신을 괴롭히지 않는다는 조건으로 그들을 놓아주고 멀리 떠나 살

도록 했다고 합니다. 사냥꾼들은 끝까지 모관 양반에게
당하고 말았던 것입니다.

모관 양반이 다른 사람인 척하거나 거짓말로 사람들을
속인 것은 큰 잘못입니다. 하지만 모관 양반의 거짓말은
조금만 생각해 보면 말이 안 되는 내용이었습니다. 자기 남
편인지, 정말 혼인을 하러 온 신랑인지를 잘 확인했다면
아무리 모관 양반이라도 그런 거짓말을 할 틈이 없었을 것
이고, 사냥꾼들이 편하게 돈을 벌 생각을 하지 않았다면
어이없는 물건을 비싼 값에 사지는 않았을 것입니다.

모관 양반처럼 아무렇지 않게 다른 사람을 속이는 이들
이 현실에도 존재합니다.

모 유튜버는 그럴듯한 과장광고로 소비자를 속이는 제
품들을 고발하기도 했습니다. 문제는 법으로 규제하기 어
려운, SNS를 이용한 허위 광고가 비일비재하다는 점입니
다. 모관 양반의 후예들이 곳곳에서 활동하고 있는 셈이죠.

과거에도 사람들을 속여 이득을 얻으려는 이들이 있었
을 겁니다. 모관 양반의 이야기는 그런 일을 경계하기 위해
더 널리 퍼졌을지도 모르겠습니다. 하지만 이야기 속에서
모관 양반은 벌을 받지 않습니다. 오히려 사람들을 속여서

번 돈으로 떵떵거리며 잘살 일만 남았습니다. 피해자인 사냥꾼들은 노비로 오해받고 마을에서 쫓겨나기까지 했습니다. 이런 상황이 낯설게 느껴지지 않는 이유는 무엇일까요. 오늘날에도 사기꾼에 대한 응당한 처벌은 여전히 잘 이뤄지지 않고 있습니다. '정의 사회 구현'이라는 구호는 요란하지만 그것은 결코 실현될 수 없는 유토피아에 불과한 것 같다는 생각이 듭니다. 부디 더는 사람들이 모관 양반 같은 이의 꾐에 빠져 눈물 흘리는 일이 없기를 바랄 뿐입니다.

작가의 말

　세계자연유산의 섬 제주는 아름다운 자연 경관이 우리의 마음을 설레게 하는 곳입니다. 사계절 각양각색의 모습을 보여 주는 한라산, 바람을 품을 푸른 바다, 제주의 어디서나 시선을 사로잡는 오름, 화산 활동의 흔적을 품고 있는 기이한 돌 하나하나 눈길 가지 않는 곳이 없을 정도이지요. 제주 사람들은 오랜 세월 이런 자연과 더불어 살아오면서 상상의 나래를 펼쳤습니다. 그렇게 만들어진 이야기들이 입에서 입으로 전해져 오늘날까지 이어지고 있습니다.

　제주의 흥미로운 이야기들은 제주 사람들의 오래된 삶의 기억을 품고 있습니다. 삼별초와 같은 역사의 경험, 생명수인 용천수에 대한 지혜, 특별한 능력을 보여 준 인물들의 활약상 등의 이야기는 시간이 제주 땅에 새긴 또 다른 지문이라는 생각이 들었습니다. 그래서 그 지문들을 하나씩 따라가는 여행을 떠나 보기로 했습니다. 그 여행에서 아름답기만 한 제주가 아닌 제주 사람들의 희로애락이 깃든 삶을 만날 수 있었지요.

이 책은 그 길에서 만난 전설 속 인물들의 이야기를 담았습니다. 고종달·김통정처럼 외부에서 제주에 들어온 이들의 이야기와 진좌수·고전적·범천총과 같은 특별한 능력을 보여 준 인물들의 이야기, 오찰방·막산이와 같은 장사들의 이야기를 만나며 제주 사람들이 꿈꾸었던 세계와, 왜 이런 이야기를 만들어내었을까 하는 궁금증에 대한 나름의 생각을 풀어내 보았습니다.

아이들이 할머니 할아버지 무릎에 앉아 옛날이야기를 듣는 문화는 이제 찾아보기 힘들어졌습니다. 그럴수록 오랫동안 전설을 모으고 정리해 오신 선생님들의 노력이 더욱 귀하게 다가옵니다. 소중한 이야기를 만들 수 있게 해 주신 분들께 깊은 감사의 마음을 전합니다.

모쪼록 이 책이 제주를 이해하는 데 조금이나마 도움이 되었으면 합니다. 그리고 여러분에게 지혜와 영감을 줄 수 있기를 바랍니다.

2024년 11월

이야기의 섬 제주에서

참고 문헌

1. 제주 전설 자료

* 제주 전설은 아래 자료에 실린 내용을 바탕으로 재구성함.

『제주설화집성(1)』, 제주대학교 탐라문화연구소, 1985.

『한국구비문학대계(9-1)』, 정신문화연구원, 1980.

『한국구비문학대계(9-2)』, 정신문화연구원, 1981.

『한국구비문학대계(9-3)』, 정신문화연구원, 1983.

『제주문화원형-설화편1』, 제주연구원, 2017.

『제주문화원형-설화편2』, 제주연구원, 2018.

『제주문화원형-설화편3』, 제주연구원, 2019.

『증편 한국구비문학대계(9-4)』, 한국학중앙연구원 2014.

『증편 한국구비문학대계(9-5)』, 한국학중앙연구원 2014.

『증편 한국구비문학대계(9-6)』, 한국학중앙연구원 2014.

『백록어문』 1-26집, 백록어문학회,

『제주도 전설지』, 제주도, 1985.

『제주도 전설』, 현용준, 서문문고, 1996.

『제주무속자료사전』, 현용준, 각, 2007.

『남국의 전설』, 진성기, 일지사, 1968.

『무가본풀이사전』, 진성기, 민속원, 2016.

『한국구비문학대계』, 한국학통합플랫폼, 한국학중앙연구원

디지털광주문화대전

디지털거창문화대전

디지털부안문화대전

디지털제주문화대전

디지털천안문화대전

2. 역사문화 자료

* 『고려사』, 『조선왕조실록』을 비롯한 역사 관련 자료들은 아래 사이트
를 참고함.

한국고전종합DB, 한국고전번역원

한국사데이터베이스, 국사편찬위원회

한국학진흥사업성과포털, 한국학중앙연구원

* 이외 제주의 역사문화 관련 내용은 제주특별자치도, 제주대 탐라문화
연구원, 제주문화원, 박물관 등에서 발간한 자료들을 참고함.

3. 사진 자료

* 사진 자료는 공공누리 제1 유형의 사진을 사용함.

e뮤지엄, 국립중앙박물관

청소년을 위한
제주 기담

2024년 11월 22일 1판 1쇄 펴냄

지은이   김진철
펴낸이   김성규
편집   김안녕 조혜주 한도연
디자인   신혜연
펴낸곳   쉬는시간
주소   서울 마포구 동교로17길 65, 501호
등록   2019년 9월 3일 제2022-000287호

ISBN 979-11-988905-2-8 44380
ISBN 979-11-988905-1-1 [44380] (세트)

* 이 책은 제주특별자치도와 제주문화예술재단의 '2024 제주문화예술재단
  지원사업' 후원을 받아 제작되었습니다.
* 이 책 내용의 전부 또는 일부를 재사용하려면 반드시 지은이와 출판사의
  동의를 얻어야 합니다.
* 잘못된 책은 교환해 드립니다.